SUPER CONVE

超级转化力

HOW TO WRITE HOT SALE ADVERTISEMENT

电商
爆品文案
写作指南

孙清华 /
编著

人民邮电出版社
北京

图书在版编目（CIP）数据

超级转化力 ：电商爆品文案写作指南 / 孙清华编著
. -- 北京 ：人民邮电出版社，2018.10（2023.8重印）
ISBN 978-7-115-48296-9

Ⅰ．①超… Ⅱ．①孙… Ⅲ．①电子商务－应用文－写
作－指南 Ⅳ．①F713.36-62②H152.3-62

中国版本图书馆CIP数据核字(2018)第076670号

内 容 提 要

电子商务的快速崛起催生出了电商文案，电商文案与传统文案相比，有其独特性，本书以电商文案为核心，讲解电商文案创作的思路及写作的相关技巧。全书共分 8 章，具体包括电商文案的前世今生、电商文案岗位、电商文案创作的基本技巧、从标题到正文的文案写作技巧、电商文案卖点的创作技巧、详情页文案写作、海报文案写作和微信营销文案写作。

本书适合电商文案策划和网络营销相关从业者使用，也可以作为高等院校市场营销类、电子商务类、企业管理类和贸易类专业文案课程的教学用书。

◆ 编 著 孙清华
责任编辑 刘 琦
责任印制 焦志炜

◆ 人民邮电出版社出版发行　　北京市丰台区成寿寺路 11 号
邮编 100164　电子邮件 315@ptpress.com.cn
网址 http://www.ptpress.com.cn
北京天宇星印刷厂印刷

◆ 开本：700×1000　1/16
印张：13.25　　　　　　　　2018 年 10 月第 1 版
字数：323 千字　　　　　　　2023 年 8 月北京第 23 次印刷

定价：59.80 元
读者服务热线：(010)81055256　印装质量热线：(010)81055316
反盗版热线：(010)81055315
广告经营许可证：京东市监广登字 20170147 号

前 言 FOREWORD

统计数据显示，2012~2017年，我国网络购物人数从2.42亿人增长至5.33亿人，电子商务交易额从8.1万亿元增长至26.1万亿元，年均增长34%。其中，网络零售交易额从1.31万亿元增长至7.18万亿元，年均增长40%，对社会消费品零售总额增加值的贡献率从17%增长至37.9%。

网络的快速发展，让越来越多的企业加入到电子商务这一领域，加速了竞争的白热化，电子商务竞争的关键词已从拼货品、拼价格、拼速度转变为拼融合（线上主体开始积极走到线下，线下传统产业加速拥抱互联网）、拼生态（电子商务平台为商家和消费者提供交易、支付、物流等多方面、全周期的支持与服务，各大平台与平台商家之间依存越来越紧密）、拼创新（虚拟现实、增强现实、直播电子商务、社交电子商务等新技术与新模式）和拼数据（在大数据驱动下对市场变化做出科学预判、快速反应、调控生产，随时进行人、货、场的优化重构）。

与此同时，在电子消费蓬勃发展的背景下，人们对商品的需求越发多元化，商品除了要满足人们基本的物质需求以外，更要满足人们潜在的心理需求。如何用最小的成本，巧妙地抓住和挖掘消费者的潜在心理需求并满足它，成为摆在众多电子商务企业面前的一道难题。

电子商务文案的出现很好地解决了这个问题，它不仅可以展现商家自己的文化和商品，体现消费者需求，吸引消费者购买，还能促进品牌资产的积累，产生良好的整合与互动作用。电子商务文案在电子商务时代的重要性不言而喻，它不仅成了电子商务的一个代表性产物，同时也是目前最流行、最有效的一种网络营销推广方式。

达尔文说过：能够生存下来的物种，并不是那些最强壮的，也不是那些头脑最聪明的，而是那些能够对环境变化做出最快反应的物种。对于写文案的方法和技巧，可以通过学习迅速掌握；但对于写文案的思维，则需要长期、不断地学习和训练，甚至很大程度上需要天赋的支持。

对于电子商务文案的创作，其实一直想回答这样一个问题：

为什么所有人都知道，文案的创作思维需要站在用户的角度思考，但是一旦涉及具体写作时，却无法站在用户的角度考虑问题，这究竟是为什么？

通过大量的市场案例，以及与企业文案创作人员的沟通、分析，得出的结论是：无法做到"站在用户角度"，并不是因为我们本身不够优秀，而是我们拥有的那些天生本能直觉，阻拦了我们站在用户的角度思考，从而无法写出优秀的文案。

在同一些电商文案工作者沟通交流和工作时，发现大部分人都有至少一篇成功的爆品文案，他们总结经验认为——爆品文案的根本就是创作思维本身。

所以，在创作电子商务文案的时候，需要重视创作思维，在掌握了写作技巧的

前言 FOREWORD

基础上，站在用户的角度来创作文案，只有这样，才能实现营销的目标，创作出电商爆品文案。

本书所引用的广告及其文案，著作权归原作者所有，本书仅做分析使用。本书由孙清华编著。本书在编写过程中，参考了大量的电商文案写作书籍，在此，对这些书籍的作者和为本书的出版给予帮助与支持的朋友们表示衷心的感谢。对书中的纰漏之处，恳请专家、读者批评指正。

编者

目录 CONTENTS

PART 1

第1章　电商文案的前世今生

1.1 文案与电商文案 / 2
  1.1.1　现代文案的定义 / 3
  1.1.2　文案的发展现状 /6
  1.1.3　传播链条变革促使文案内容变化 /10
  1.1.4　传播媒介变革促使流量倍增 /12

1.2 电商文案的分类/13
  1.2.1　一眼就会爱上：主图文案 /13
  1.2.2　购买是你唯一的选择：详情页文案 /16
  1.2.3　让你爱上我：品牌文案 /18
  1.2.4　地球人都知道：营销推广文案 /19
  1.2.5　引爆朋友圈：微信文案 /20

1.3 电商文案的创作要点/21
  1.3.1　明明白白"宝贝"的心 /21
  1.3.2　营造浓厚的销售氛围 /23
  1.3.3　流行语才能打动消费者 /24
  1.3.4　主题要切中消费者的"七寸"/25
  1.3.5　创意才是一切爆款的源头 /26

PART 2

第2章　电商文案岗位

2.1 电商文案的岗位描述/34
  2.1.1　基本职责 /34
  2.1.2　策划是文案的初级阶段 /39
  2.1.3　文案是个技术活 /40
  2.1.4　文案需要放飞思维 /42

2.2 电商文案的工作流程/44
  2.2.1　创造目标市场 /44
  2.2.2　了解消费者对商品的认知 /45
  2.2.3　了解市场的成熟度 /47
  2.2.4　强化商品特性并撰写文案 /48
  2.2.5　审查并确定文案 /52

PART 3

第3章　电商文案创作的基本技巧

3.1 电商文案创作的基本模式/54

目 录 C O N T E N T S

3.1.1 九宫格思考法 /55

3.1.2 要点延伸法 /57

3.1.3 五步创意法 /58

3.1.4 三段式写作法 /59

3.1.5 头脑风暴法 /59

3.2 电商文案创作的切入点/62

3.2.1 利用新闻"博"眼球 /62

3.2.2 把热点话题炒到爆炸 /63

3.2.3 在平凡中找到亮点 /64

3.2.4 大家向左我向右：进行逆向思维 /65

3.2.5 制造冲突：吸引关注就会有销量 /67

3.2.6 最好的文案内容是"真实" /68

3.2.7 我用"真情"换你的"真金" /68

3.3 精简文案的内容/69

3.3.1 文案长度的决定因素 /69

3.3.2 最简单也是最复杂：精简结构 /71

3.3.3 用最简单的语言写出最打动人心的文案 /72

3.3.4 越简约越不简单 /73

3.3.5 把故事写成段子：保留最重要的 /75

3.3.6 浓缩的都是精华：多用短句 /75

3.4 增加文案的视觉冲击力/76

3.4.1 美化文字的格式 /77

3.4.2 为文案制作一张触及买家心灵的图片 /79

3.4.3 精心设计：版式要"丰满" /84

PART 4

第 4 章 从标题到正文的文案写作技巧

4.1 电商文案标题的写作技巧/90

4.1.1 明确消费者想要的结果 /90

4.1.2 标题要有"卖点" /91

4.1.3 打开消费者的"好奇心缺口" /92

4.1.4 出人意料，令人惊讶 /93

4.1.5 学会嫁接符号 /94

4.1.6 提问——和消费者对话 /94

4.1.7 常见的文案标题写法 /95

4.2 电商文案开头的写作技巧/98

4.2.1 开头第一句可能比标题更重要 /98

4.2.2 继续阐述标题的内容 /99

4.2.3 引用权威 /101

4.2.4 写出我们的内心独白 /102

4.2.5 以悬念故事开头 /102

4.2.6 像新闻报道一样开头 /104

4.2.7 直接与消费者交流 /104

4.2.8 使用诱惑性的短句 /105

4.3　电商文案正文的写作技巧/106

4.3.1 简单直接：直击消费者内心 /106

4.3.2 制造悬念：出其不意，令人脑洞大开 /107

4.3.3 晓之以"礼"：利用奖赏或活动来利诱消费者 /108

4.3.4 动之以情：达到"言有尽，意无穷"的效果 /108

4.3.5 剑走偏锋："不正经"地讲一个正经的故事 /109

4.3.6 层层递进：一层一层剥开购买的欲望 /110

4.3.7 诙谐幽默：解除消费者的戒心 /111

PART 5

第 5 章　电商文案卖点的创作技巧

5.1　认识卖点和核心卖点/114

5.1.1 什么是卖点和核心卖点 /114

5.1.2 核心卖点的三大表现形式 /115

5.2　挖掘卖点的常见角度/117

5.2.1 一见钟情的外观 /117

5.2.2 璞玉浑金的材质 /118

5.2.3 匠心独具的工艺 /119

5.2.4 人无我有的功能 /119

5.2.5 转瞬即逝的时间 /120

5.2.6 真实准确的数字 /120

5.2.7 物产丰富的地域 /121

5.2.8 专业权威的专家 /121

5.2.9 稀缺独特的概念 /122

5.2.10 刻骨铭心的情怀 /122

5.2.11 4 个要素归纳的常见卖点 /123

5.3　提炼更具价值的核心卖点/123

5.3.1 循序渐进：核心卖点的提炼流程 /124

5.3.2 确有其"四"：核心卖点的提炼原则 /128

5.3.3 定位精准：核心卖点的因素提炼方法 /131

目 录　C O N T E N T S

5.3.4　理论进化：进一步优化卖点 /133

PART 6

第 6 章　详情页文案写作

6.1　详情页商品标题/138
6.1.1　属性是商品的标题性能标签 /138
6.1.2　关键字是商品标题的指南针 /138
6.1.3　标题是刺激消费的开胃菜 /139
6.1.4　爆款商品标题模板 /140

6.2　详情页的功能与原则/141
6.2.1　功能：把商品的一切和盘托出 /141
6.2.2　原则：就是一篇商品介绍 /142

6.3　详情页的构架/142
6.3.1　看图说话，以图为荣 /142
6.3.2　商品才是王道 /144
6.3.3　消费者是上帝 /146
6.3.4　其他详情页文案的构架因素 /149

6.4　商品详情页写作/150
6.4.1　商品详情页文案的写作要求 /150
6.4.2　商品详情页文案的写作方法 /151
　1．九宫格思考法 /151
　2．目录要点延伸法 /151
　3．三段式写作法 /152
6.4.3　商品详情页文案的写作技巧 /152
　1．图文搭配 /152
　2．商品价值的体现 /152
　3．紧贴店铺定位 /152
　4．抓紧目标消费人群的痛点 /152
　5．以情感打动消费者 /152
　6．逻辑引导客户 /153

PART 7

第 7 章　海报文案写作

7.1　海报文案的写作基础/156
7.1.1　海报的起源 /157
7.1.2　海报文案的类型 /157

7.2　创作电商海报文案/159

7.2.1　排版能决定海报文案的命运 /160

　　1. 对齐 /160

　　2. 对比 /161

　　3. 分组 /163

7.2.2　正视标题的核心作用 /163

　　1. "恐吓"消费者 /163

　　2. 夸大其词 /163

　　3. 故事情怀 /164

7.2.3　展示消费者最关心的问题 /164

　　1. 直接展示 /164

　　2. 突出特点 /165

　　3. 合理夸张 /166

　　4. 对比衬托 /166

　　5. 幽默诙谐 /167

　　6. 以情托物 /167

　　7. 制造悬念 /168

7.2.4　海报文案中的战斗机——促销文案 /168

　　1. 错觉折价 /168

　　2. 限时促销 /169

　　3. 舍小取大 /169

　　4. 阶梯价格 /170

　　5. 打折降价 /170

　　6. 积分抽奖 /171

　　7. 到店有礼 /171

　　8. 百分之百中奖 /171

　　9. 临界价格 /172

PART 8

第 8 章　微信营销文案写作

8.1　微信营销文案的写作基础/174

　　8.1.1　微信营销文案在电子商务中的作用 /174

　　8.1.2　微信营销文案的主要表现形式 /175

　　8.1.3　微信营销文案的优势 /178

　　8.1.4　跨平台的微信营销文案——H5/178

　　　　1. 确定主题 /179

　　　　2. 写好标题 /180

　　　　3. 创意内容 /180

目录 CONTENTS

4. 图文对应 /181

5. 注意排版 /181

8.2 创作微信营销文案/182

8.2.1 微信文案的常见写作方法 /183

1. 核心扩展法 /183

2. 各个击破法 /183

3. 倒三角写法 /183

4. 故事引导法 /184

8.2.2 微信文案标题的写作方法 /184

1. 大树底下好乘凉 /184

2. 矛盾中创作标题 /185

3. 总结盘点 /185

4. 没有对比就没有伤害 /185

5. 数据干货 /185

6. 语不惊人誓不休 /186

7. 沟通是最有效的营销方式 /186

8.2.3 消费者的需求才是商品的最终归宿 /186

1. 日常需求 /186

2. 重大事件需求 /187

3. "八卦"需求 /187

4. 逆反需求 /188

8.2.4 根据消费者的购买力进行自我定位 /189

1. 商品店铺定位：定位款型、流量款型还是利润款型 /189

2. 类目主打关键词、淘宝搜索引擎默认的价格展示区间 /190

8.2.5 选题要符合时宜 /190

8.2.6 内容要简单粗暴直接深入 /194

8.2.7 排版和配图都是加分项 /201

8.2.8 微信文案制作的技巧工具 /202

PART

1

第1章
电商文案的前世今生

很多电商从业者都面临着一个相同的问题："做电商，什么是最重要的？"而答案也毫无例外地一致——吸引住消费者，说服消费者，达成交易。对于一个电商企业来说，店铺的招牌、全店设计、宝贝图片，甚至模特都代表企业形象，并且这些形象都必须以图文并茂的文案形式展示给客户。在这个以视觉营销为主要手段的电商时代，图片是吸引客户的主要元素，而文字则起着画龙点睛的作用。图片效果决定着消费者能否第一时间被吸引，文字表达则直接影响消费者购买商品的冲动。所以，图文结合的优秀文案对于电商的重要性不言而喻。

1.1 文案与电商文案

有人说，我们已经进入了读图时代，科技的发展和生活节奏的加快，让文字阅读这种传统的信息获取方式已不再受人们青睐，人们更需要图片来刺激眼球和神经。但是，文字是不会被淘汰的，文字的魅力不仅在于信息的传递，更重要的是其强大的表达能力，它可以描述出图片的内容、表达出图片所蕴含的意境和情感等信息。

文案分为不同类别，不同的文案适用于不同的场景，具有不同的用途，且需运用不同的方法和理论。电商文案属于文案的一种特殊类型，它具备文案的所有特性，主要适用领域为互联网，主要使用在网络店铺中，其目的是促进商品销售。

战狼2——破亿海报文案

这是2017年夏天最火爆的一部电影，它刷新了中国电影的多项票房纪录，成为"国产片票房之王"。当然，在进行电影的宣传推广时，影片宣传方在实时传播、热点制造、话题设置、舆论引导等方面的各项工作，都充分展现了电影界"金牌文案"的功底，为电影的票房成功起到了推波助澜的作用。以下就是该电影著名的破亿海报文案。

点评

这款"破亿"的海报文案其实很简单，主要显示了票房的人民币数字。它虽然简单，但其文字内容却展示了票房不断变化的过程，消费者在看到文字的同时，也直接了解了票房的变化和电影的火爆程度，这些数字促使他们成了票房贡献者中的一员，这就是文案的力量。如果将这种海报文案用到电商的电影相关商品中，例如电影票、明星同款商品等，这些文案就能转变为电商文案，所以，文案和电商文案之间其实是可以相互转化的。

专家点拨

电商文案和文案的最大区别是电商文案与商品的结合更密切，电商文案可以提高图片的信息传递效果，提升用户体验。如果电商文案没有和商品相结合，则消费者在看到文字的时候要花费很多时间去猜测文案表达的意思，这将不仅会消耗消费者更多的时间，还会使其丧失购买的冲动。就像前面的《战狼2》海报文案，作为广告宣传文案，它是完美的；但如果要作为电商文案，则还需要加入对电影的大致描述，这样才能让消费者明白该文案销售的商品是什么。

1.1.1 现代文案的定义

"文案"二字，原来是指古代官衙中掌管档案、负责起草文书的幕友，亦指官署中的公文、书信等。在现代，"文案"则被赋予了新的意义。文案主要用在商业领域，通常是指企业中从事文字工作的职位，或以文字来表现已经制定的创意策略的人或作品。

1. 古代文案的概念

在中国古代，文案通常有两种意思，一种是指物，文案亦作"文按"，包括公文案卷或者办公桌子，后来甚至把桌上的相关办公物品都称为文案，比如笔筒、笔洗、笔添、笔架 等；另一种是指人，包括旧时衙门里草拟文牍、掌管档案的幕僚等。

2. 现代文案的概念

现代文案的概念来源于广告行业，是"广告文案"的简称，多指以文字的形式表现广告的信息内容，如广告标题、正文、口号等都是文案的常见形式。文案不同于国画等设计作品，它是一个与广告创意先后相继的表现、发展和深化的过程。作为目前十分主流的宣传手段之一，文案被广泛应用于公司广告、企业宣传、新闻策划等多个领域。

"文案"不同于"策划"，这两者之间有本质的区别。但岗位设置的特殊性和人员素质的差异性，使很多行业的文案人员常常需要和策划人员、设计人员配合，策划人员也需要撰写一些方案，这使很多人误认为文案和策划工作性质类似，甚至常常把策划与文案混为一谈。

3. 6个"W"说明文案的定义

文案应用在不同的领域，通常会有不同的表现形式和表达目的，但对于大多数行业而言，文案其实就是广告中用来吸引消费者的文字。下面通过6个"W"来简单了解文案的定义及相关内容。

◆**WHY**：文案的写作目的

文案的写作是以使用为目的的，其目的多为向消费者展示最新信息，说服他们改变观点或鼓励他们采取行动，多数电商文案都只有唯一的商业目的——鼓励消费者试用或购买新的商品。

如果想要清爽，快用新大宝

◆**WHAT**：文案的定义

文案既指一种职位，也指一种表达形式，当它作为表达形式出现时，多为广告、宣传语、传单、网站、宣传册、邮件、用户指南、文章、视频等具体内容。

拥有桑塔纳，走遍天下都不怕

◆**WHEN**：文案工作的时间

由于文案写作要与创意打交道，所以，文案工作通常在广告制作前期，文案创作者既要构想相关商品的概念和主题，也要通过对已有内容的"再创新"为广告附加更多价值。

思念是一种甜，你就是我的新年

◆**HOW**：如何进行文案的撰写

撰写文案时，文案工作者主要通过计算机和文字处理软件来处理大段的文字，或用笔和纸来记录随时迸发的灵感。通常情况下，文案工作者撰写文案时不仅要结合商品的特色，还要考虑客户的意见，通过不断地修改完善内容，提高文案质量。

畅饮雪碧，透心凉一夏

◆**WHO**：文案创作者的资格

对于文案的创作者并不需要取得相关"资格"，文案最主要的要求是创意，只要能在创意的基础上满足客户的需求，就能成为一名合格的文案。当然，一名优秀的文案还需要具备一定的基本特质，比如精通文学、充满创造力、具有极强的思考能力、有一定的纪律性、有适当的好奇心，以及有比较广泛的知识积累等。

钻石恒久远，一颗永相传

◆ **WHERE**：文案创作者的工作岗位

在企业中，文案创作者与设计师、Web开发人员、会计主管和销售经理等协同工作，甚至一些独立的文案创作者直接为客户和代理公司工作。

72小时长效保持发质柔韧

1.1.2 文案的发展现状

在很多企业中，都有专职的文案人员，负责企业中日常的文案工作。当需要设计一些大型推广活动、商业策划案、可行性分析报告等工作量大的项目时，企业也可以对外寻求合作，如找专业的广告公司和文化传媒公司，这些公司一般都有专业的文案和设计团队，经验也相对丰富。

随着中国广告业的迅猛发展，广告公司的经营范围、操作流程、工作方式都在发生变化，文案也逐渐走向前台，从配角变成主角。

1. 现代文案的基本要求

现代文案经历了多年的发展，已经不再仅限于广告用语这个概念，现代社会是一个网络化的时代，信息的传播非常快速和简洁，为了适应这种情况，现代文案必须具备以下特点。

◆ **准确规范、点明主题**。广告需要实现对主题、创意和内容信息的有效表现和传播。第一，规范和完整，避免语法错误和表达残缺；第二，准确，避免产生歧义；第三，符合语言表达习惯，不可自己创造鲜为人知的词汇，并避免使用冷僻及过于专业化的词语。

汾酒——清香典雅，天赋高贵

◆ **简明精炼、言简意赅**。文案主要由文字组成，所以在文字语言的使用上，要简明扼要、精练概括。第一，为了实现广告信息传播的有效性，要以尽可能少的文字表达出广告商品的特点；第二，为了方便广告受众迅速记下广告信息，需要在文案中使用简明精练的文字，这也有助于吸引广告受众的注意力；第三，为了方便受众的阅读和理解，要尽量使用简短的语句。

红牛——你的能量超乎你想象

◆ **悦耳动听、通俗易记**。广告中的文案也需要关注受众的听觉感受，要注意优美、流畅和动听，并且易识别、易记忆和易传播，这样才能很好地表现广告的主题和创意，产生良好的广告效果，实现广告的传播目的。当然，不能为了追求文案的语言和音韵，喧宾夺主，忽视广告主题。

楼盘——爱她就给她看得到的幸福

◆ **生动形象、具体逼真。** 在文案中展示出真实的商品更能激发广告受众的兴趣。根据数据统计，文字和图像能引起人们注意的百分比分别是35%和65%，所以，一个优秀的宣传文案需要采用生动活泼、新颖独特的文字来增强图像的表现力。

大闸蟹——图文结合，生动形象

2. 现在最流行的文案

随着网络与移动终端设备的普及，传统媒体不再是主要的广告平台，手机和平板电脑已经成了广告文案的主要传播工具，所以，现在也有人把现代文案的发展归结到一个词——竖屏文案（指手机屏幕）时代。

（1）丧与燃

这里的丧与燃是指两种完全对立的生活态度，通俗地说，丧是沮丧，是一种颓废的表达方式；燃则是燃烧，是一种积极的表达方式。

◆ **丧文案。** 从2016年夏天"葛优瘫"，到彩虹合唱团演唱的歌曲《感觉身体被掏空》，忽然之间，与传统价值观大相径庭的丧文化在互联网上发酵起来。这种丧文案与人们的工作和生活密切相关，类似于黑色幽默，多为人们生活和工作状态的一种自我嘲解。由于这种文化所表达的内容通常为大多数人的常态，因此可以让消费者产生强烈的认同感，无形中增进了与消费者的心理距离。丧文案是人们对生活和工作中不如意事情的一种"发泄"，也是排解压力的有效手段，可以让大部分消费者通过这种文案找到"认同感"。

◆ **燃文案**。燃文案是一种积极向上的文案，能带给消费者激情，激励消费者进步，也能打动消费者的内心。很多运动品牌一直热衷燃文案，通过鲜明的色调、激昂的背景音乐、热血的文字、向上的态度，来展现商品，甚至生命该有的样子。

丧文案与燃文案

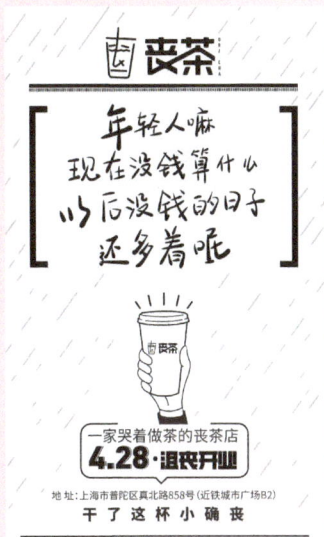

（2）冷淡与热烈

冷淡与热烈两种风格的文案，主要区别在于对极简与繁复艺术的运用，冷淡主要是指文案的内容简单、外观简约；热烈则是指文案的内容直白、外观鲜明。

◆ **冷淡文案**。这种文案的风格通常是一个画面，一句文案，绝口不提与商品有关的任何字眼，只关注四季时令、生活心情及社会环境，从而延伸出一句"走心"的话。冷淡文案采用"润物细无声"的方式，打造品牌形象，引起消费者注意，并使其形成偏好，直至深入人心。

◆ **热烈文案**。这种文案的风格简单直白、热烈刺激，常常配合多彩绚烂的海报形式，给人以强烈的视觉冲击力。热烈文案往往会摒弃含蓄婉转的想象，更直接凸显主题与商品，直击消费者的痛点。

（3）鸡汤与毒汤

鸡汤与毒汤也是目前十分流行的两种对立风格的文案，鸡汤主要是指文案的内容柔软、温暖，充满正能量；毒汤则是指文案的内容挑剔、犀利，充满批判意味。

◆ **鸡汤文案**。鸡汤文案主要表达正能量，多是一些鼓舞人心的、励志的段子和名人成长故事。鸡汤就是"充满知识与感情的话语"，它是一种安慰剂，可以怡情或作为阅读快餐，挫折、抑郁时它教人要振奋，这也是鸡汤文案风靡不衰的原因。鸡汤文案具有大众化口味，励志化包装，快餐式文本，人们身处当前快节奏的生活和无处不在的压力环境，偶尔也需要这种激励味十足的"语言治疗艺术"。

◆ **毒汤文案**。毒汤文案多指毒舌、挑剔的文案，这种文案字字带刺、句句带血，却言之有理，无法辩驳，充分展示了文案作者无以伦比的洞察力，非常考验其文字功底。毒汤文案常被大众误认为是丧文案，其实不然，毒汤文案呈现的价值观和世界观更容易让人"误入歧途"，表面看上去说得极有道理，不仔细分辨很容易"中毒"。

鸡汤文案与毒汤文案

点评

不管是哪种风格的文案，都要根据商品或品牌调性来选择，虽然以上都是目前流行的文案类型，但我们也不能完全模仿，盲目跟风不仅缺乏个性，还容易做无用功。

1.1.3 传播链条变革促使文案内容变化

在网络快速发展的今天，移动网络已经成为这个时代的主流交流平台，信息的传播媒介已经从过去的电视、平面媒体，转移到了如今的基于互联网和移动互联网技术的社会化媒介，使得传播手段、传播链条都发生了改变。互联网的兴起，使得社会化传播渠道由传统媒体向新媒体倾斜，传播链条由过去单向的"引发兴趣——阅读"变成了双向的"想读——互动——二次传播"，换一种说法就是"关注——参与——分享"。因此与传统文案相比，现代文案被赋予了更多新的特点。

1. 有趣

对于文案，特别是电商文案来说，首要特点就是有趣，很少有人会特意去阅读乏味的长文广告，如果文案够有趣，即使长文案也可以吸引人阅读，特别是对于年轻人而言。长文案要想写得有趣，可以描述好玩的故事，可以借鉴当前的网络流行。在写文案时，以第一人称的角度来写故事，更容易让消费者产生自我代入感。就像玩角色扮演类的游戏一样，消费者在看第一人称的文案时也会看得更开心，更真实，所以文案首先应该有趣。另外，比起自夸的文案，消费者更喜欢读"自黑"的文章，这种文章以轻松诙谐、自我嘲解的姿态娱乐网友，从而拉近与读者的距离，增加读者的好感。

一加手机——自黑调侃

"一加手机京东好评97%，知名度不到10%吧？所以拜托你了。"

"一加手机登过美国《时代周刊》？这事儿国内有几个人知道呢？我们之前确实太内向了。"

2. 互动

有趣的文案可以吸引消费者进行阅读，但吸引阅读并不是文案的最终目的，吸引消费者的参与和互动才是。有趣并不一定能带来互动，想要互动，文案就得考虑如何引发和制造话题，如奔驰新E级轿车的文案——"过5关，斩6将"。"过5关，斩6将"暗指宝马5系和奥迪A6。这则文案天然带有话题性，非常容易引起读者讨论，其他品牌的广告文案纷纷效仿，如宝马的"大E失荆州，失E走麦城，无宝马，不英雄"、奥迪的"群雄逐鹿，'奥'视天下，岂可轻'迪'"等。奔驰官方也转发了相关微博与粉丝进行互动，吸引了大量的点赞和转发，形成了一波传播热潮。这则文案甚至引发网友自发创作："E起厮杀，'秦'定天下"（比亚迪秦）、"E路过关斩将，然胜券在'沃'"（沃尔沃），形成第二波传播热潮。

奔驰E级轿车——过5关，斩6将

过5关 斩6将
全新梅赛德斯-奔驰长轴距E级车
文武双全

北京奔驰　Mercedes-Benz

专家点拨

在文案中关联其他事物，搭载热点话题，利用名人效应，设计开放式、易复制的创意模式（如凡客体），为文案留白，给读者留下充分的想象空间等，这些手法都能为文案带来话题性。

1.1.4 传播媒介变革促使流量倍增

纵观人类传播的发展史，新传播媒介的诞生，总是会对传统媒介造成冲击。但是每一次新媒介的出现，并不以取代旧媒介为前提和条件，新媒介的出现迫使旧媒介不断进行改造和完善，寻找更适合的表现方式，以适应更加激烈的媒介竞争环境。如今，信息技术的高速发展正进一步使新旧媒介在交锋中融合重组，不断改变着人类传播的格局。目前的传播媒介变革过程主要表现为：印刷媒介——电子媒介——新媒介。

◆ **印刷媒介：** 是指主要利用纸质印刷品进行广告传播的媒介，主要包括报纸、杂志、书籍、邮递广告等，也称为纸质媒介。

◆ **电子媒介：** 是指运用电子技术、电子技术设备及其商品进行信息传播的媒介，其中包括互联网、广播、电视、电影、录音、录像等。

◆ **新媒介：** 是一个相对的概念，是报刊、广播、电视等传统媒体以后发展起来的新的媒体形态，包括网络媒体、户外媒体、手机媒体、微博、微信这类区别于传统媒体的媒介，它们的主要特点是交互性强，互动性好，并且信息发布门槛低。

电商作为新媒介的主要推动力，其文案的主要传播媒介几乎覆盖了新媒介的所有分类，包括数据库、社会化媒体、互联网广告、手机客户端、分销平台、搜索引擎、资源合作、分类信息等。

智商充值——手机客户端微信传播

🔧 点 评

该文案通过微信媒介进行传播，仅仅6个小时，就迎来了淘宝店当日访客的高潮，一共卖出36000多份商品，甚至由于在朋友圈的广泛传播，而引起了其他媒体的关注。

1.2 电商文案的分类

文案的价值在于传递商品的价值信息，一个好的文案，可以让目标受众对商品的认知从无到有，并逐步升级，从而为后续的市场推广、商品销售创造良好的氛围。对于电商文案的创作来讲，理解文案的类型十分重要，不同类型的文案，其写作方法及应用场景都是不同的。了解文案都有哪些类型，在什么情况下适用哪种类型的文案，是电商文案创作者需要掌握的技能。

1.2.1 一眼就会爱上：主图文案

主图文案也被称为横幅广告文案，是最早的电商文案类型，通常为矩形，以JPG、GIF、Flash等格式的图片呈现。现在由于手机等移动设备的广泛使用，主图文案为了适应这些终端设备的屏幕要求，通常也设计为竖直形状。主图不仅仅出现在电商的搜索结果页面里面，还会出现在一些站外活动结果页面上或合作平台的页面上，这些页面都需要精彩的主图来吸引人点击。

消费者在购物的时候往往会通过主图文案中的图片和文字来了解商品，图片展示的是商品的真实情况，文字是对商品的说明，现在主流的电商文案主要通过以下3个方面对图片进行点睛说明。

1. 数字多样化

数字是电商文案中使用最多的元素，因为数字通常能最直接展示商品的销售量，以及商品的性能等。在图片中适当巧妙地运用数字，更容易激发消费者的购买行为。下面介绍数字在电商文案中的主要表现和作用。

◆ **从众心理**。从众的消费心理表现为大部分消费者更喜欢购买有人气的商品，因为商品的销量较高，所以购买的人通常会更信任该商品，在电商行业很多商品主图中都会出现有关销量的数字。

红枣

点评

这是某红枣的主图文案，其中以数字的形式展示了商品的销量和火爆程度，从侧面说明了商品质量好、物美价廉，值得购买。

13

◆**优惠活动**。它是指用数字将商品优惠价格直接展示出来，让消费者更清楚地了解自己能够得到的利益。

相册、纪念册

> **点 评**
>
> 这是某品牌相册的主图文案，在七夕节活动中用数字直接说明了"免费洗30张照片"的优惠，让消费者对商品优惠情况一目了然。

◆**商品性能参数**。用数字清楚地标注商品的容量、体积等参数，让消费者在选购相应大小、体积的商品时更简单方便，有利于快速促进消费者的购买行为。

水壶

> **点 评**
>
> 这是某品牌水壶的主图文案，该商品是户外用水壶，通常户外使用的消费者希望水壶的容量更大，保温时间更长，该文案则将消费者关注的问题用数字的形式直接展示了出来。

2. 结合商品特点

主图文案需要解决的主要问题是：为什么消费者要购买该商品？也就是说，文案必须直击商品卖点，说服消费者购买，这就要求主图文案必须有特色，需区别于其他同类商品，才能从同类型商品中脱颖而出。

汽车贴膜

点评

这是某品牌汽车贴膜的主图文案，文案充分展示了该商品的特点和功能，让消费者一眼就能了解商品，并吸引有相关需求的消费者购买商品。

3. 逆向思维

消费者在购物时都会以美观为基本的判断标准，但是并非所有商品都是越美越好，就像丑橘，虽然外形不出色但果肉非常甜，所以依旧很有市场。文案也一样。这类保证了商品品质，但也不掩饰其瑕疵的文案表达形式，就是逆向思维。

铅笔

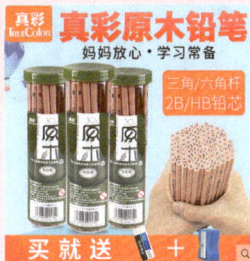

点评

这是某品牌铅笔的主图文案，该铅笔用原木直接制作，所以表面会比较粗糙，但不会影响使用，而且绿色健康，当它以这种特殊的表达方式出现在同类商品中时，很容易引起消费者的好奇心，促成他们进一步的了解和购买。

1.2.2 购买是你唯一的选择：详情页文案

详情页文案是对商品的具体功能、特点等情况进行详细描述的文案。消费者在购买商品时，会通过详情页文案中的图片和文字来具体了解商品，并决定是否购买，因此详情页文案必须图片美观、文字简洁。

商品详情页的图片、文字描述、排版设计等都与商品转化息息相关。如果店铺销售的是日常生活用品，且消费者对该类型的商品都不陌生，例如沐浴露、卫生纸、洗洁精等，商品详情页中的商品的功用等信息对他们来说就不是太重要。大部分消费者不需要知道这些商品如何使用或有没有特殊功能，相较于用途，消费者更关心商品的价钱、美观性、材质等，此时详情页文案就可以从消费者更关注的这些方面着手。但如果店铺销售的是设计商品、个性商品、电器等，店铺经营者在销售商品的同时还希望消费者能进一步了解商品背后的故事、商品的独特之处、商品对消费者的作用、商品的评价等，这时就需要对商品详情页进行仔细设计，撰写详细且优秀的商品文案，才能让潜在的消费者产生购买行为。下面对主要的详情页文案样式进行介绍。

◆ **商品展示类：** 主要通过平拍的方式展示商品的色彩、细节、包装和场景效果，并说明商品的卖点和搭配等。

图书——商品展示

◆ **实力展示类：** 主要通过介绍商品的品牌、荣誉、资质和销量，以及该企业的生产和仓储等情况，展示该企业的综合实力。

图书——实力展示

◆ **吸引购买类：** 主要通过情感、商品品质或者企业声誉来打动消费者，促使消费者购买商品，最常用的方法是展示大量的买家好评。

图书——吸引购买

◆ **交易说明类：** 主要通过商品的详细交易项目，对消费者的购买行为给予保障，促进消费者下单购买，主要项目包括商品的尺码规格、维护保养、质检保障、发货、验货、退换货和保修等。

图书——交易说明

◆ **促销说明类：** 主要是展示商品的各种促销和优惠活动，刺激消费者购买。

图书——促销说明

目前常见的详情页文案类型有：惜墨如金极简式、"丧心病狂"超长式、朴实无华陈述式、视觉刺激华丽式、简单粗暴力量式、诗情画意文艺式等，其目的都是推广和宣传商品，并在相应的媒体下用消费者的语言体系沟通，促使消费者购买。当下多数的详情页文案阅读率都不高，即使寥寥数字的户外立柱广告文案，也不能保证字均阅读率。所以，在这样的情况下，必须保证详情页前几屏的文案质量，要使详情页文案快速打动消费者，这样才能促使他们进一步阅读其他的商品信息，以至最后产生购买行动。

1.2.3 让你爱上我：品牌文案

品牌文案其实是一种细化的文案类型，其主要功能是通过宣传企业的品牌来促进商品的销售。品牌文案是现在很多企业都采用的一种行之有效的宣传方式，因为这种方式非常直接，所以产生的宣传效果比较好，而且其成本也比其他的文案宣传方式低。

品牌文案中的品牌是宣传的主要内容，如果品牌文案写得不够出众，就会使消费者忽略品牌，无法达成品牌宣传的目的。一篇有品质的品牌文案所能创造的品牌影响是非常大的。让消费者通过文案体会到品牌的诚意，进而认识品牌、认可品牌，就成功迈出了品牌文案的第一步。品牌文案主要包括以下3个重点要素。

◆ **标题**。好的标题是一篇好的品牌文案的开端，好的标题更能引起消费者的注意。现在成功的品牌宣传文案范例很多，想要从中脱颖而出，就要通过好标题夺人眼球，吸引消费者的注意力才是重中之重。

◆ **内容**。内容要突出品牌的特点，适当地运用生活中的例子来进行讲述，让品牌更贴近生活，这样的品牌故事才更有真实感；同时，要注意体现品牌优势，这样消费者才能更好地认清品牌，继而选择品牌。

◆ **结尾**。要突出品牌的品质，努力创新，求同存异，强调本品牌的个性化与独特性，才能吸引消费者购买品牌商品。

橄榄油品牌文案

>>> 品牌介绍 Brand Introduction

About STAR
关于星牌

一.历史的荣耀

STAR星牌橄榄油公司于1898年在美国加利福尼亚州创建，1995年正式成为西班牙的爵集团在美国的分公司，易名为"伯爵美国"。星牌橄榄油深受美国消费者喜爱，从1998年起在美国的销量一直居于前列，被誉为**"国际橄榄油明星"**。2002年，星牌橄榄油公司被美国权威食品评级机构评定为EXCELLENT（特优级）。

STAR橄榄油通过了北美橄榄油协会（NAOOA）的质量认证，这是高品质的象征和保障。

奔驰汽车品牌文案

点评

以上两个不同品牌的品牌文案完全是两种风格，前一种多用在商品详情页中，主要用于展示企业的实力，说明商品的优秀品质；后一种则多作为详情页首焦图，通过简单的文案，并结合具体的商品，展示品牌文化和对应的商品系列。

1.2.4 地球人都知道：营销推广文案

营销推广文案的主要作用是利用文案推广商品，使商品或品牌尽可能被更多人知晓，并产生一定的经济效益。这类营销推广方案，一旦被大量转载，得到的推广效果就非常明显。这类文案的类型十分广泛，并应用于多个电商领域。营销推广文案主要有以下几种表现形式。

◆ 在文案中推荐网站或网页链接。

◆ 在文案中直接推荐商品销售网店的网址。

◆ 从搜索引擎优化的角度推广热门关键词。

◆ 以电子邮件的形式投放销售信函或海报。

◆ 在平面媒体上直接介绍商品或品牌的相关知识。

◆ 一个域名只有一个网页，且在该网页中只有商品或品牌的介绍。

在写作营销推广类文案时，要有意识地构建企业的个性价值观并寻求与消费者的个性价值观匹配的营销文化活动。没有营销文化，就没有商品定位，就没有品牌，就没有目标客户群。文化作为一种精神内涵，赋予商品个性和灵魂。正因为如此，营销文案越来越受到大中小企业的青睐，甚至很多人预测营销推广文案今后将会是最受欢迎、最有效、覆盖面最广的营销方式之一。

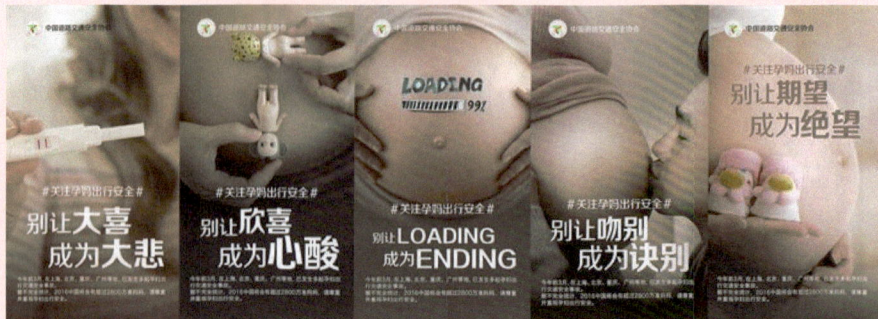

神州专车

点评

　　在日常工作和生活中，大部分人都会自发地谈论与传播社会上最热门的话题，所以，话题是最容易在消费者中引起口碑效应的策略。获得热门话题主要有两种方式：一是围绕社会热点制造话题；二是针对用户的喜好与需求引发争议。上面这个神州专车发起的"关注孕妈出行安全"的营销推广文案，即洞察到了最需要安全且最受关注的一个特殊群体——孕妈，为"孕妈专车"这个备受关注的群体打造了一个极具社会责任感的创新商品，不仅得到了广泛的关注和讨论，引发了人们的深思，还体现了企业的社会责任感和价值观，展现了企业文化和价值。

专家点拨

　　据统计，世界网络业巨头思科公司在中国媒体上的发稿量是每月600篇左右，联想电脑每月则超过了50万字，海尔集团每周至少是1600篇……这些企业长于营销推广文案的撰写，均已形成了一套较为完善的流程和制度，并各擅胜场。营销推广文案如同水一般可以渗入任何一种营销平台上，这就是文案的力量，如水般柔弱，如水般无敌。

1.2.5　引爆朋友圈：微信文案

　　电商文案通常都有独特的载体，这也是它区别于其他文案的地方。通常情况下，按照载体的不同，可以将电商文案分为网店文案、博客文案、微博文案、微信文案、论坛文案和电子邮件文案等类型，微信文案则是除网店文案外，目前非常流行、电商使用非常多的文案载体之一。

　　微信营销是一种新型的互联网营销推广方式，发展前景非常值得期待，并且不少的企业和个人都从中获得了十分不俗的利益。微信营销不存在距离的限制，因为用户注册微信后，可与周围同样注册了微信的"朋友"形成一种联系，并订阅自己所需的信息。商家可以通过提供用户需要的信息来推广自己的商品，从而实现点对点的营销。微信文案通常都是通过商品或品牌的微信公众号进行分享的，或通过微信的朋友圈进行转发和分享的。微信中的好友大都是认识的朋友，或者朋友的朋友，因此微信中的文案更有可信度，同时还兼具分享性、趣味性和价值感等特点。

矿泉水——爸我回来了

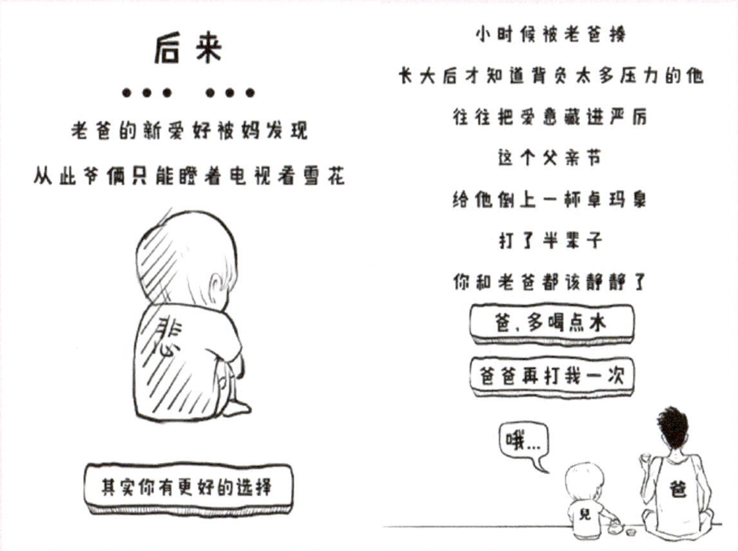

点评

这是某矿泉水的微信文案，爸爸生气了，后果很严重！该矿泉水品牌的文案使用了很有意思的创意，老爸生气了，怎么办？喝口水冷静一下。新颖的图片搭配两个个性化的文案创意，很容易在微信中大量传播。

1.3 电商文案的创作要点

电商文案是一种十分直接的销售型文案，它直观地向消费者展示商品的卖点，继而让消费者产生购买欲望。对于电商文案来说，因为不同的平台所定位的目标消费人群不同，甚至即使同一个平台，在大促期和非大促期的文案定位也会不同，所以，撰写文案前首先要明确文案的目标导向，然后在撰写时应尽可能呈现消费者最想看的元素，最后说服消费者尽快决策进行购买。

1.3.1 明明白白"宝贝"的心

对于电商文案来说，如何巧妙地运用简洁的文字清晰表达出商品本身的卖点和魅力可谓是重中之重。文案要和商品本身有联系，没有和商品相结合的文案，消费者需要花费很多时间去猜测文字表达的意思，而这个过程很容易导致消费者丧失购买的冲动。

优质的文案，能让消费者自然而然陷入其中，令其回味无穷而决心下单购买。索然无味的文案，则很容易消耗消费者的耐心，使其失去继续阅读的兴趣。

◆ **了解商品**。以电子商品为例，电子商品在开发、生产和销售的过程中，可能会因为版本、开发难度、项目规划等原因导致商品出现各种不足，对于一个刚"出生"的商品，撰写文案时要学会呵护和包容，及时地发现各种问题，并通过文案设计对商品的优缺点进行说明和包装。

◆ **了解用户**。商品文案需要明确商品的用户特点，如他们的年龄、喜好、教育、文化等，甚至他们喜欢什么样的语气，他们的理解能力等，比如面对小米的发烧友们，商品文案要充满各种前卫的技术和理念等词语，以此来满足他们对商品技术、商品参数的需求。

◆ **商品描述**。商品描述对于商品文案非常重要，善于运用文字来描述商品和设计商品，不仅可以给消费者带来良好的体验，甚至会直接影响整个商品的定位，比如深受广大文艺青年喜爱的豆瓣网，它提供图书、电影、音乐唱片的推荐、评论，以此来吸引兴趣一致的感性人群，从而为网站打上了独特的城市文化标签。

◆ **注意情感**。情感化设计是很多商品和品牌一直追求的，除了商品的功能要体现人文情感关怀，商品的文案设计也需要流露情感，与用户的审美情感、记忆、期望产生共鸣，从而使消费者"怦然心动"。

点评

乔布斯一直强调苹果的商品设计来源于技术与艺术的交叉，在强调良好技术工艺的同时，苹果商品更体现了一种人文情感关怀。苹果商品的文案设计也是如此，尤其是标题文案，就像上面的iPhone 4S展示页面，既强调了商品扩展延续了iPhone 4的功能，又在情感上柔和过渡，点明商品从精彩之处再续精彩。

专家点拨

对于电子类商品的电商文案来说，写好商品介绍非常重要，可以注意以下几点：1.文字要描述商品的核心功能或典型使用情景；2.文字要简练，可读性好，对于按钮或功能定义最好控制在2~4个汉字，对于商品情景描述的标题文字控制在6~20个汉字；3.文字设计要考虑目标用户的理解力，了解目标用户的认知行为习惯与文化特征；4.文字设计要具有情感化特征；5.文字设计要有阅读层次性，以渐进式的文字设计引导用户认知商品，以标题文字为核心，逐步展开解释文字；6.文字设计要具有延续性和统一性；7.注意标点符号的使用；8.注意语气，该直白时直白，慎用疑问。

1.3.2 营造浓厚的销售氛围

据某国际权威研究结果显示：消费者到商场购物，70%以上的决定是在卖场里做出的，冲动性消费占了消费行为的很大一部分。良好的购物气氛，对卖场销售有巨大的意义。简单来说，销售氛围是指消费者在卖场环境中感受到的气氛和情调。正是这种氛围，可以让消费者自发地产生或放弃一系列购买行为。电商销售氛围主要具有以下特点。

- ◆ **高度差异性：**电商商品氛围的高度差异性表现与实体店不同，文案中表现差异性可以从设计的视觉色彩、主推品牌宣传特色、商品展示的技巧，以及导购员的谈吐等多方面着手。例如，可以在所有的文案中都加入品牌标识，这样使文案具有很强的特征，赚足消费者的眼球。

- ◆ **高度识别性：**高度差异性和高度识别性是吸引消费者眼球的基础，做好差异性和识别性，有利于消费者寻找和识别自己所需要的东西。例如，在多数手机品牌文案中，OPPO的品牌色是绿色的，步步高是蓝色的，朵唯是粉红的，联想是橙色的，它们都非常鲜明地突出了各自的品牌识别性。

- ◆ **高度灵活性：**电商的很多文案都是统一创作的，这时，能够根据不同平台来创作不同文案的电商就更容易获得消费者认可，这种高度的灵活性能够适应平台卖场的各种形态，通过"眼球牵引力"对消费者实行有效"拦截"。

- ◆ **高度统一性：**销售气氛的高度统一性是指与电视、报纸、新闻宣传等传播媒体的紧密配合，通过这些结合达到视觉的统一，信息的统一，这一点也是电商文案在营造销售氛围中最容易做到的。

左岸咖啡馆

点 评

这是著名的左岸咖啡馆的宣传系列文案，文案运用年代、人物、情节等因素，营造出浓厚的文艺年代氛围，为消费者创造了一个个身临其境、颇具回味的咖啡馆场景，既突出了商品的品牌，也对消费者的消费情绪起到了积极的引导作用，可以说是营造商品营销氛围的经典案例。

1.3.3 流行语才能打动消费者

"小拳拳捶你胸口""达康书记的GDP，我们来守护！""扎心了，老铁！""我可能×××了假×××""皮皮虾，我们走""你的良心不会痛吗？！"这些短句是2017年非常热门的网络流行语。网络流行语是网民通过互联网平台自主创造改编的话语符码，它们真实地反应了当前的网络生活。网络流行语是一种独特的互联网文化，是网络日常交流中使用多、覆盖面广的媒体语言。它的来源多种多样，如方言、外语、缩略语、谐音、误植等都可能成为它的来源。

为了能使商品营销达到最优效果，给消费者留下深刻的印象，很多电商都选择使用网络流行语进行文案设计。这种"跟风式"的宣传文案省时又省力，还能带给消费者一定程度的新鲜感。网络流行语式的文案主要具有以下特点。

◆ **提高关注度，从而主动传播**。电商文案中的网络流行语满足了消费者求新鲜、跟潮流的心理，能引起其共鸣，吸引其注意，使企业和商品获得更多的关注度。当文案成功地吸引了消费者的注意后，甚至还能促使其主动进行传播。

◆ **使消费者在轻松的氛围中接受信息**。网络流行语的流行是因为它在一定程度上体现了消费者的想法，网络流行语在文案中的应用其实就是广告娱乐化的体现，这是贴近消费者的生活、心理并与之接轨的方式。在这个资讯爆炸的时代，在消费者所接收的大量信息中，只有那些新鲜、有趣的信息才会被注意，才会引起消费者心理和情感上的触动，使用网络流行语的这种文案方式要优于直接向消费者灌输商品优点。

◆ **提升商品、品牌的好感度**。网络流行语的表达特点具有独特的娱乐感，它可以使文案的整个情景变得更加幽默诙谐，这种方式冲淡了广告的商业目的；同时，也可以使品牌形象更加人性化，消费者能够一边参与广告的娱乐，一边累积对商品的好感。

淘宝体

很多用户都收到过淘宝商家发来的好评申请，比如："亲：当你收到这张卡片的时候，哥仍在坚强地活着，记得确认收货，施舍一个好评，让我们和谐地结束这2017。爱你，疼你，新年快乐！"

点 评

　　"淘宝体"从2011年开始正式流行，一出现就受到了火热追捧，甚至连学校录取短信、交通安全宣传语等看似应该严肃的内容也通通跟着淘宝体，走上"呆萌"路线。淘宝体系的网络流行语也算这些年来网络流行事物的典型代表，从2011年疯狂流行至今，大家还在延续这种聊天方式。正是因为它背后有着庞大的用户群体，加之一些媒体的推波助澜，"淘宝体"甚至渗透到了我们的线下生活中，随处可见的"亲"等昵称，快速拉近了商家与消费者之间的距离，并间接对消费者的购物情绪产生了积极影响。

1.3.4　主题要切中消费者的"七寸"

　　什么是消费者的"七寸"？简单地说，就是消费者需要快速及时解决的问题，也就是通常所说的消费者的"刚性需求"或者"痛点"。如消费者出现"浑身红肿，瘙痒不止"的症状，这些症状严重影响了消费者的工作和生活，这个问题就是消费者需要及时解决的问题。所以，药品开瑞坦针对消费者的痛点打出广告语：过敏一粒就舒坦！24小时长效抗过敏，快用快舒坦。抗过敏，快用开瑞坦，30分钟起效。

　　下面对切中消费者痛点的常用方法进行介绍。

◆ **由大化小，单独击破**。在文案中，想用一个大的概念去直击所有消费者痛点是非常困难的，这时可以由大化小，把一个大概念拆分成小的实体，然后各个击破。越具体，越有细节，越容易让消费者产生信赖，越容易抓住痛点，打动人心。要用细节打动目标消费者的心。

◆ **抓小放大，小确丧变小确幸**。小确丧是小而确切的沮丧，文案需要切中消费者的痛点，但痛点不可划分得太过巨大，应该让消费者看到击破痛点的希望，让消费者关注商品，而非局限于痛点。所以痛点描述要精确，要帮助消费者把小确丧变成小确幸，让他们通过文案来购买商品。

◆ **找准参照物，和谁比很重要**。消费者购买商品一定有理由，99%的理由都是觉得在当下值得购买。价格不重要，重要的是消费者对价格的感知。文案可以帮助消费者换一个参照物，影响其对价格的感知，让他觉得商品十分实惠，物美价廉，值得购买。就像乔布斯说的，消费者不是爱购买便宜的商品，而是喜欢占便宜。

超级

雅居乐地产

点 评

　　35岁是一个点，也是一个坎。35岁的男人掌握着大量资源，无论是购买力还是个人能力都普遍高于其他年龄段的人群。但35岁的男人也面临着"十面埋伏"，雅居乐地产的该文案将矛头指向了经历过年轻的奋斗时代后的35岁男人们所面临的几道难关，中年危机频频出现，家庭、事业、爱情、人际等各方压力汇聚。文案在表达35岁人群各方面压力的同时，指出他们更需要一份关怀。文案从35岁人群的身体变化和心理症状上的情感诉求着手，直戳35岁人群痛点，引起共鸣。

1.3.5　创意才是一切爆款的源头

　　创意是通过创新思维，挖掘和激活资源组合方式，提升资源原价值的方法。创意既是个性化的思维，也是对生活的精炼总结与阐释，在广告、设计、写作等注重创意的行业里，创意就是企业生存的基础。成功的广告文案不仅要有说服力，还要有传播力，而创意的好坏直接影响广告的传播效果。好的文案创意，不仅令人印象深刻，更能勾起消费者主动讨论的兴趣。

1. 热点

所谓"热点"，主要是指一些时下发生的引起人们广泛关注的热门事件，它可以是社会事件，也可以是新闻事件。一些热点事件一旦在网络中传播，在很短时间内受众就可能达到几百上千万。对于电商而言，有受众就是有广告传播的基础，就应该抓住机会，如果热点事件内容与商品或品牌相关，则更应该即时抓住机会，打一场热点营销的"文案大战"。这种文案在热门的关头推出，短时间内就可以轻松抓住关注热点事件的用户群体。

洽洽食品

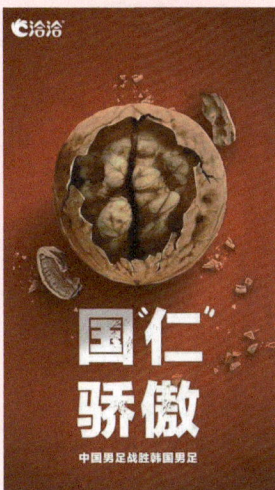

点评

这是洽洽食品的一则宣传文案。2017年3月23日晚，国足1:0战胜了韩国队，在这个极具意义的时刻，洽洽食品巧妙利用了国足这一热点，制作了"国'仁'骄傲"的宣传文案，将"国人骄傲"拟音为"国'仁'骄傲"，巧妙借势，既表达了对国足胜利的庆祝，同时又引出了自己的核桃商品，一举两得。

2. 真情

在这个竞争激烈的社会大环境下，每个人的心中都有一个自己的情感家园，最好的文案往往能够触及人们内心，引起共鸣。在电商文案的所有形式中，情感类的创意文案才是真正的"王牌"，只有抓住消费者的情感需求，用真情打动消费者，才能创造出恒久的文案神话。

长城葡萄酒——三毫米的旅程，一颗好葡萄要走十年

三毫米是一个葡萄酒酒瓶的瓶壁从外面到里面的距离，也是一颗葡萄到一瓶好酒之间的距离。不是每颗葡萄都有资格踏上这三毫米的旅程，它必是葡萄园中的贵族。占据区区几平方公里的沙砾土地，坡地的方位像为它精心计量过，刚好能迎上远道而来的季风。它

小时候，没遇到一场霜冻和冷雨；旺盛的青春期，碰上十几年最好的太阳；临近成熟，没有雨水冲淡它酝酿已久的糖份，甚至山雀也从未打它的主意。摘了三十五年葡萄的老工人，耐心地等到糖份和酸度完全平衡的一刻才把它摘下，酒庄里最德高望重的酿酒师，每个环节都要亲手控制，小心翼翼。而现在，一切光环都被隔绝在外，黑暗、潮湿的地窖里，葡萄要完成最后三毫米的推进。天堂并非遥不可及，再走十年而已。

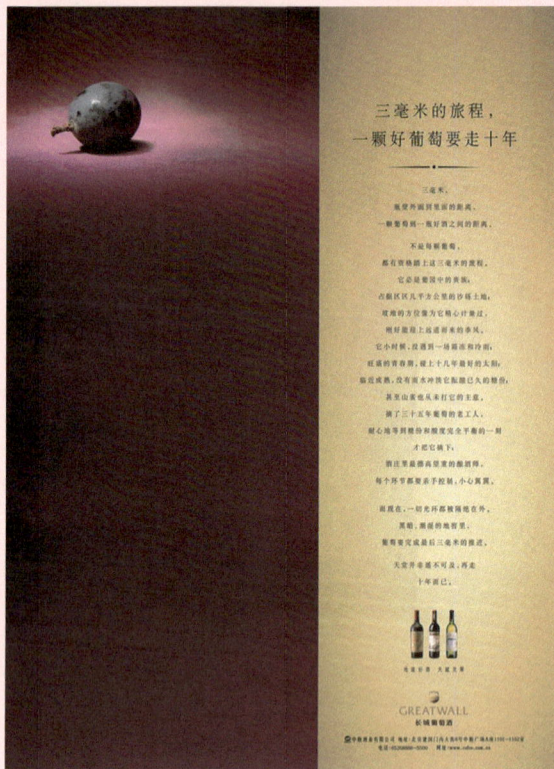

点评

　　这是长城葡萄酒的一则宣传文案，这种自带场景的文案可以给消费者带来强烈的代入感，每一位阅读文案的人都会被代入这个画面之中，仿佛经历了文案描述的每个情节，甚至为商品赋予了情感。

3. 故事

　　故事是最新鲜也最受人们欢迎的信息接受方式，故事性的文案能让消费者记忆深刻，能够拉近企业或商品与消费者之间的距离，让消费者不自觉产生消费行为。稍有一定实力的企业，几乎都有自己的品牌故事，如"茅台海外参展摔酒瓶""海尔张瑞敏砸冰箱"的故事至今仍为人们津津乐道，这些故事为企业带来的传播贡献是毫无争议的。而对于很多中小企业，故事文案可以从品牌或商品的故事上进行创意思维，例如，通过企业管理运营过程中与经销商、客户或者员工之间的故事，去展开品牌故事。

卡士牛奶

点评

　　这是卡士牛奶的宣传文案，短短几行字，将卡士牛奶的品牌历史、原产地、顶级服务、优质客户和卓越品质描绘得淋漓尽致。这则文案有精准的市场定位，通过高效的执行与精确传播，使得卡士牛奶在激烈的市场环境中也能快速占得一席之地。

4. 名人

　　电商文案也可以借助名人来吸引公众的眼球，一些大企业可以直接聘请名人进行或辅助宣传和推广。借助名人的影响力进行宣传和推广，通常可以体现在文案内容上，如让文案与名人的形象产生联系，从而为商品和品牌添加附加价值。

坚果手机

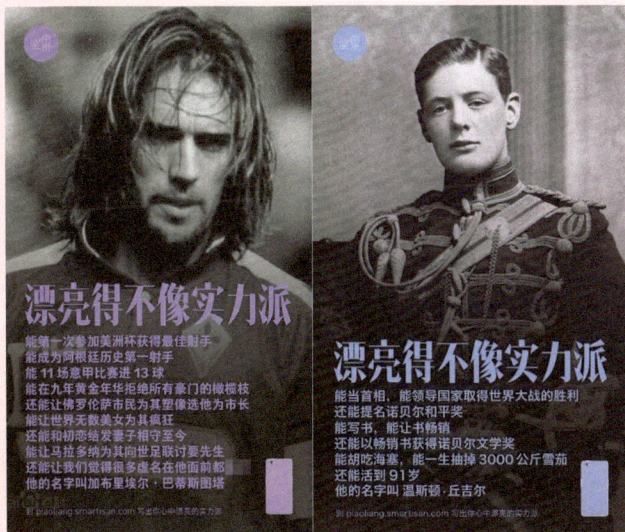

🔧 **点评**

　　这是2015年锤子科技发布的坚果手机的"漂亮得不像实力派"营销推广文案。这个由名人创意所引起的营销推广案例中，成功要素主要体现在以下3点：一是由罗永浩发起，对于任何一个达到一定规模的企业来说，老板或CEO都不大可能亲自发起一个传播活动，但是罗永浩这样做了；二是初期引发了巨大的关注，在坚果手机发布会上，罗永浩亲自讲述了这个互动的初衷和参与细节，这让数以百万计的观众都对这个活动有了了解；三是传播情怀而非商品，"漂亮得不像实力派"这个活动能够引发大量参与的原因在于，活动本身看起来并不是强推品牌或商品，任何一个人看到这个宣传语头脑中都会出现相关偶像或人物，活动正是借助了名人影响力让观众主动参与传播。这则文案前两点利用了罗永浩作为成功企业家的名人作用，后一点则是利用知名偶像的的名人作用。

5. 设计

　　设计也是电商文案中最容易体现创意的地方，文案可以通过对图象、文字、色彩、版面、图形等元素的组合，进行平面艺术创意的设计，从而表达出电商销售的目的和意图，文案创意设计就是将富于创造性的思想、理念用设计的方式予以延伸、呈现与诠释的过程或结果。

🔧 **点评**

　　这是OLAY化妆品的宣传文案。因OLAY的商品膏体遮挡而减小的数字，加之"Correct Your Age"的广告语，简明地表达了OLAY减龄的功能。整体文案用设计说话，文案表明OLAY具有像字体修正液一样的性能，用在脸上即变成年龄修正液，其商品性能一目了然。这种创意的表现方式十分容易使消费者形成深刻记忆。

6. 逆向思维

当人们都朝着固定的思维方向思考问题时，利用反向思维方式经常会收到意想不到的效果。从已知事物的相反方向进行思考，或者换一种手段解决问题，化被动为主动，化不利为有利，通过这些思维方式进行创意，往往更容易吸引消费者。

宝马汽车

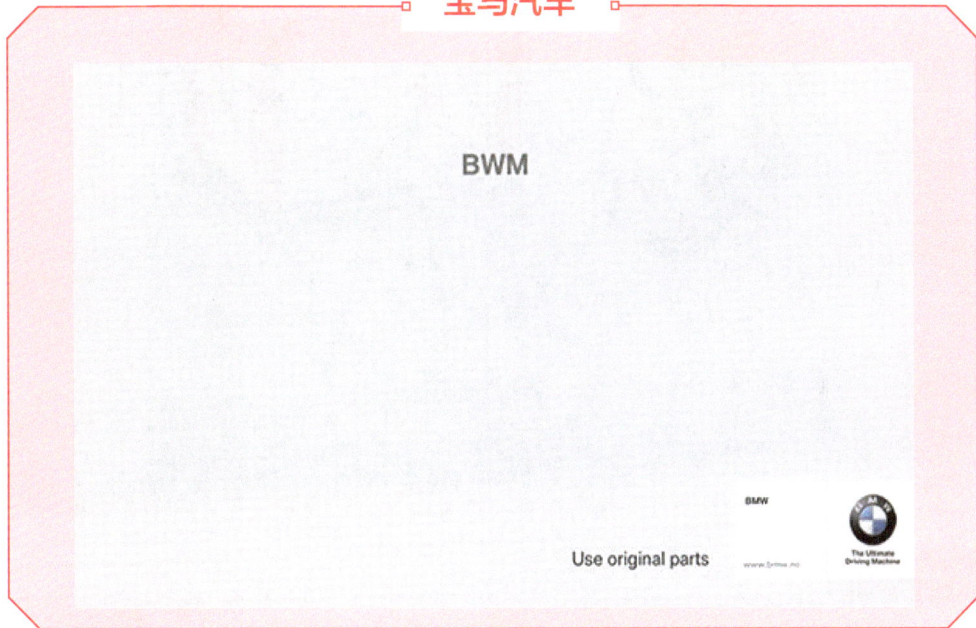

点 评

这是宝马汽车（BMW）售后宣传文案，文案把宝马的标志BMW换成BWM，粗看似乎不容易分清。但W和M的差别，让这个宝马已不是那个"宝马"。所以文案正文"use original parts"提醒用户，如果不想让宝马被伪劣零件改造，就一定要用原装零件。文案倡导用户使用原厂原件的目的即可达成，毕竟没人想把自己的BMW变成BWM。

7. 对比

没有对比就没有"伤害"，在其他创意都不够吸引人的情况下，直接使用对比的方式，更能体现出商品或品牌的特色。当然，这里的对比通常不是直接对比，而是通过巧妙的侧面对比来展示商品。

杜蕾斯

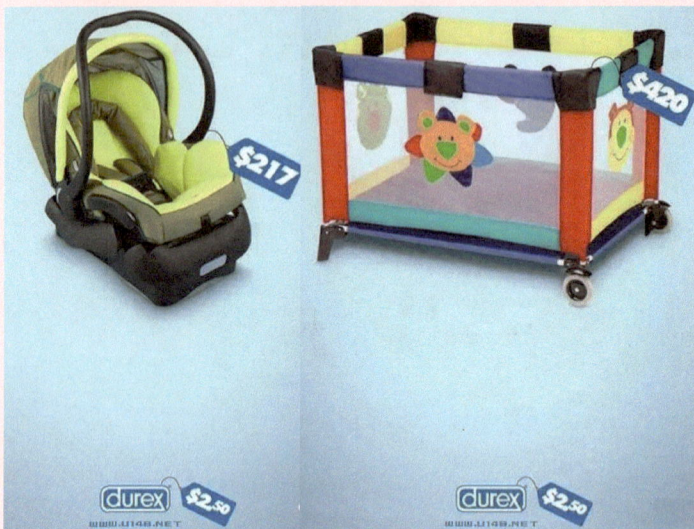

点评

　　这是杜蕾斯的宣传文案，文案将抚养孩子所用的婴儿用具需要×××美元，与一个杜蕾斯仅仅只要2.5美元进行对比，以另辟捷径的角度展现商品的价值。

专家点拨

　　文案之道博大精深，精髓在于创意。有人说，文案有七种境界，从"喊口号、唱跑调"的菜鸟级到思想升华、返璞归真的文案大师，从最开始的空无一物精进到以策略思想引导写作，再登顶用最普通的语言精准表达不普通的创意，这个过程需要文案人不断的积累、求索和蜕变。

PART

2

第2章

电商文案岗位

很多行业的文案岗位常与策划岗位相关联，在广告诞生之初，文案和策划确实是一体的，一个优秀的文案要参与活动设计和策划的全过程。而随着行业和岗位的逐步细分，如今文案工作也越来越具体。专业的文案既要了解全局，又要着眼细节，既要标新立异，又要契合需求。电商文案也是如此，了解商品或品牌，永远是文案工作的基本功课。

2.1 电商文案的岗位描述

相信很多人都有这样的困惑——电商文案到底是一个什么样的岗位？顾名思义，电商文案这个岗位适用于电商行业，作为文案，电商文案还需要具有一定的营销策划和文案撰写能力，同时，还要求知识面宽广、思维活跃、逻辑清晰。从某种意义上来说电商文案就像一个"杂家"，很多知识都需要了解，很多热点都需要及时掌握。

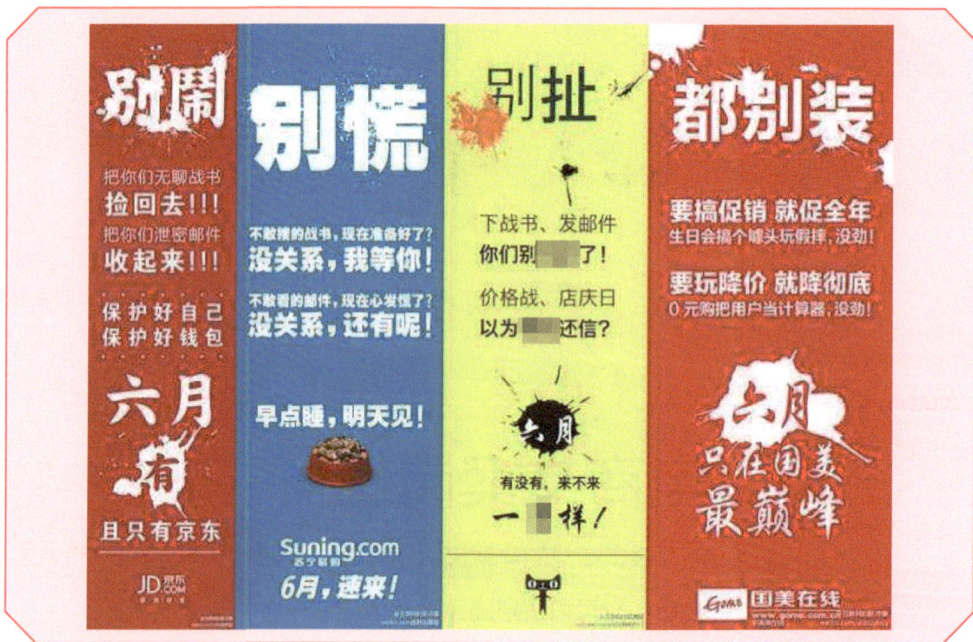

2.1.1 基本职责

不同行业、不同地域的文案通常具有不同的工作重点，行业发展的差异，带来了文案岗位需求上的差异和文案基本职责的差异。以旅游行业来讲，旅游行业相对发达的省市和几乎没有旅游行业的省市，两地之间的旅游文案职责和工作内容有很大的差异，旅游业相对发达的省市的文案工作内容要涉及旅游发展、旅游策划等，而另一个省市的文案在这方面的要求则相对较少。

电商文案是文案的一种，是一种特殊的文案形式，它的岗位职责有狭义和广义两种。

1. 狭义的电商文案岗位职责

狭义的电商文案岗位职责是指从事电商企业的商品设计和广告宣传的工作，主要包括以下几项。

◆撰写商品描述文案、单品策划文案、广告文案、品牌宣传文案。

◆能编写出商品特点突出，使客户产生强烈购买欲的商品描述。

◆配合设计人员，进行品牌宣传等软文撰写。

◆撰写各类宣传品中的商品卖点和活动内容，引导顾客消费。

飞利浦剃须刀

2．广义的电商文案岗位职责

广义的电商文案岗位职责包括品牌策划、活动策划、平面设计、新媒体运营、美工设计和美术指导等所有与电商营销、宣传和推广相关的工作。

（1）品牌策划

品牌策划是通过对品牌进行宣传和推广，使企业形象和商品品牌在消费者脑海中形成一种个性化的区隔，并使消费者与企业品牌和商品品牌之间形成统一的价值观，由于文案设计和宣传是品牌策划活动中重要的组成部分，所以，也可以将其以下工作纳入电商文案的职责范围。

◆负责公司商品品牌的定位、规划与策划。

◆负责公司市场活动的策划与统筹。

◆负责公司广告投放与运作。

◆制定所负责商品的战略计划，包括商品的设计、开发、管理和实施，以及后期的市场营销。

◆制定商品发展时间表，并控制整个计划的进程。

◆寻找新的应用以促进商品的销售，延长商品的生命周期。

◆负责公司内部与生产该系列商品相关的职能部门之间的协调工作。

锤子手机——品牌宣传

（2）活动策划

活动策划是提高市场占有率的有效手段，可有效提升企业的知名度及品牌美誉度，活动策划通常都需要一份可执行、可操作、创意突出的活动策划案，很多时候，活动策划案就是一份文案，所以，也可以将其以下工作纳入电商文案的职责范围。

◆ 负责公司各平台的活动（如聚划算、天猫主题活动、无线活动、商家联合活动、第三方活动等）、商品、广告等文案的撰写及店铺活动的策划。

◆ 负责公司互动营销平台（如微淘、微博、帮派等）推广活动的策划与维护。

◆ 负责活动的执行和跟进、效果的评估和改进，负责商品详情页面文案的撰写和卖点挖掘文案的撰写。

◆ 熟悉电商平台的后台操作，了解电子商务，善于挖掘网络关键字等。

◆ 负责店铺海报、日常活动主题和文案的撰写；负责活动款宝贝详情页卖点的撰写和活动期间关联销售商品的选定；负责营销活动期间店铺活动的策划。

◆ 协调客服、仓管、美工、策划等岗位之间的工作。

◆ 负责对接活动的数据整理与分析，协助运营推广方面的事宜。

麦当劳——助威奥运活动

（3）平面设计

平面设计以"视觉"作为沟通和表现的方式，通过多种方式来创造或结合符号、图片和文字，传达想法或信息。平面设计也指制作（设计）过程和完成的作品。由于电商的各种文案通常都是图片和文字的结合，其中的图片（特别是商品文案和宣传文案）大多需要进行平面设计，所以，也可以将平面设计的以下工作纳入电商文案的职责范围。

◆ 负责公司品牌策划设计、VI设计制作、画册招商手册设计等。

◆ 负责公司商品包装设计、品牌形象广告平面设计、助销物料（商品手册、折页等）设计、促销活动主题形象设计等。

【嘉顿服饰——品牌设计】

（4）新媒体运营

新媒体运营是用现代化互联网手段，通过微信、微博、贴吧等新兴媒体平台进行商品宣传、推广、营销的一系列运营方式。通过策划品牌的优质传播性内容和线上活动，充分利用粉丝经济，向客户广泛或精准地推送消息，从而提高品牌或商品的知名度，达到相应的营销目的。由于新媒体运营同样需要撰写文案，所以，也可以将其以下工作纳入电商文案的职责范围。

◆负责微信、微博等自媒体运营策略的制定和执行，能够独立策划主题及方案。

◆负责自媒体的专题制作、活动策划、用户互动，用以提高品牌的影响力和关注度。

◆负责新媒体渠道用户群的经营和运营，以粉丝数和用户活跃度为考核标准。

◆对所负责的新媒体渠道的数据做分析评估，总结优化传播内容。

◆负责拓展新媒体合作平台，与各家媒体达成多元化的合作并增进联系。

AMOUR化妆品——微信宣传

（5）美术设计

美术设计的职责范围涵盖很广，主要包括平面设计、环艺、工业设计、服装设计、广告设计、戏剧美术设计、建筑设计等，电商企业的美术设计主要是对电商商品的各种宣传页面和海报进行美术设计，在设计过程中还需要兼顾文案的设计和撰写，所以，也可以将其以下工作纳入电商文案的职责范围。

◆负责网店整体风格的设计、装修、美化、商品详情页的设计等。
◆负责各种活动及专题页面的制作。
◆负责优化店内商品描述，美化商品图片。
◆负责各类海报、页面的广告设计。

商品海报

（6）美术指导

美术指导多指在电影制作中负责协调灯光、摄影、特效、服装、道具、剪接，设计整体视觉风格的工作。在电商企业中，美术指导则是指导其他美术人员工作的人，他负责美术设计中信息的传达和表达等。所以，美术指导同样涉及文案的设计和创作，也可以将其以下工作纳入电商文案的职责范围。

◆协助创意总监执行项目前期创意，完成创意构想、创意执行、后期设计、制作跟进等工作。
◆提供专业视觉表现支持，保证高效率、高品质的完成工作。
◆了解客户需求，并密切与其他相关部门合作，能够把客户的需求贯彻到创意当中。
◆配合设计团队确保项目及时推进。

七夕电商创意文案

2.1.2 策划是文案的初级阶段

当代社会的商业竞争十分激烈，为了寻求发展，很多传统行业都在由传统模式向互联网模式转变，能实现成功转变的这类企业，需要的人才不仅要懂得市场的定位策略、营销本质、消费者特点、铺货渠道等，还需要熟知互联网营销和推广的本质，而这也是企业对电商文案岗位人才的要求。

1. 文案需要掌握的技能

从横向维度来看，一个文案需要掌握的工具如下：Office软件、Photoshop、InDesign、SEO知识与摄影。

从纵向维度来看，在自媒体时代，从早期的博客，到后来的微博，再到后来的微信，几乎每3~4年就会有一种新的媒体需要文案去学习，而且几乎可以肯定在几年后，文案这个岗位必然还需要学习新的媒体传播方式。文案所接触的媒体环境在持续变化，当新一代的年轻消费者成为消费主力军之后，文案又需要学习新的语境。

2. 什么人才能成为一个优秀的文案

一个优秀的文案，最重要的素质是洞察。一个初级文案需要洞察如何用大众喜闻乐见的方式，将文案作品呈现给受众。当从一个初级文案逐步走向品牌主管、品牌策划总监的岗位时，这样的洞察又应该建立在已有的品牌意识的基础上，要求文案人员对行业和商品进行深刻的理解。这时电商文案所面临的问题不仅是考虑怎样快速把商品卖出去，还要思考如何赋予商品独特的气质，使自己的商品能够与同类商品产生鲜明的区别。

皇家芝华士

点评

这是皇家芝华士酒的宣传文案。整个版面就只有几行字，或者搭配一瓶酒，没有任何的商标或品牌，文案的内容也很简单，大致意思是芝华士是很昂贵的奢侈品。这则文案充分利用了消费者的逆反心理、从众心理，还有自尊心和虚荣心，达到刺激消费者主动了解该商品的目的。

2.1.3 文案是个技术活

社会上有一种比较普遍的观点，认为文案是电商商品营销中的一个关键环节，做文案的目的是为了商品营销，善于营销的人就适合做文案。文案的确是电商商品营销的一个重要技能，而锻炼这个技能需要基于对消费者和营销商品的了解，要能够精准地挖掘消费者的需求和痛点。

对于电商文案来说，创意非常重要，但创意并不能解决所有问题，最有用的文案才是最好的文案。对以营利为目的的电商企业来说，其营销推广的最终目的就是为了提升转化率，提高商品销量，而转化率的高低与流量质量直接相关，因此找到高质量的消费者，然后通过文案刺激他们的购买行为才是电商文案的最终目标。

1. 文案需要大量阅读

书籍是知识的载体，是人类进步的基础，人们在学习某项技能时，除了亲身实践，最有用的方法就是通过书籍来学习。电商文案这个岗位常与文字打交道，所以需要通过阅读书籍来提高自身的创作能力。文案人员在阅读书籍时，除了学习专业的知识外，还要留意文章的表达结构和构思，词语的选择和组合。

文案岗位的工作量比较大，通常一个文案小组一天就要完成一篇文案，高强度的工作对文案人员的基础积累提出了很高的要求，所以建议文案人员养成勤于阅读的好习惯，丰富自己的知识量，以便更快、更好地完成文案创作。

小米手机经典文案

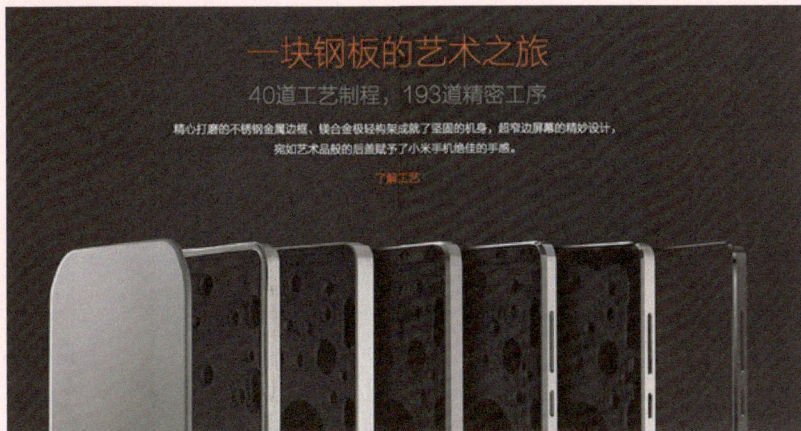

2．文案需要收集资料

对于文案来说，资料的收集也非常重要，任何有价值的资料都很可能成为下一篇文案的主要内容。在已有资料的基础上进行文案创作，不仅可以大大提高创作速度，文案质量也有基本保证。

网络中，有成千上万篇文案的技巧值得学习，"梅花网""广告门"等论坛中也提供了大量的文案学习资料，在微信公众号中搜"文案"也能查阅到大量的文案知识，当然，除了通过网络途径进行学习外，在平时的生活或工作中也要养成随时积累的习惯，例如，看到了一句精彩的广告语及时记录下来；在网上看到有创意、有趣味性的内容，也可以保存下来。随时关注、随时思考、随时记录，不断积累素材，最终才能在创作文案时信手拈来。

加多宝凉茶经典文案

对于文案来说，收集资料不仅仅只是将资料收集起来，还需要将其转化为自己的知识，通过资料的收集、理解、融合，完成自己的文案创作。在这个信息化的时代，资料的收集变得更加方便快捷，一名优秀的文案人员不仅要有收集资料的好习惯，还要对收集到的资料进行吸收，在透彻理解的基础上将收集到的资料吸纳成自己的知识，融会贯通，实现自我提升。

3. 文案需要坚持写作

很多人认为文案只需要创意，文案的创作必须等待灵感，其实不然。文案的写作需要的是长期创作的积累，写得多了，甚至不需要灵感，在往常的积累中随便选择一条，就是灵感。

最终决定文案岗位工作质量的是文字，因此文案人员应该养成练笔的好习惯，最好可以给自己制定一个写作目标，例如，每天×××字或每天×××条等。坚持写作也是文案积累创作经验的一种有效方式。

爱华仕箱包经典文案

装得下，世界就是你的

2.1.4　文案需要放飞思维

作为一名文案，除了需要不断的学习、积累和写作外，创意和灵感对文案也必不可少。人的创造力水平在很大程度上取决于自我意识，取决于碰到创造性活动时自己的想法和看法，这意味着我们可以通过实践来增强自己的创造力，提高熟练度，应对设定的目标。

文案创造力的激发主要依靠3个关键因素。

◆ **清楚的目标。**

◆ **罗列解决的难点。**

◆ **焦点问题。**

在进行文案创作时，文案需要通过做到以下3点来让自己的思维保持在最佳水平。

1. 练习创造性思考

提高创造力的方法有很多种，但对于电商文案来说，主要有以下两种。

◆ **客户开发。**客户的开发质量在很大程度上决定文案的收入，网络时代，文案的转发量和阅读量都关乎着商品的销量，所以文案应该具备开发客户的能力。而客户的发现和开发通常建立在了解的基础上，也就是说，文案必须先了解目标客户群体，才能写出受他们欢迎的文案。

◆**揭示购买动机。** 文案在创作过程中，必须创造性地进行提问，才能准确发现客户的需要并促进其购买行为的产生。消费者对于任何促销方式都有天然的购买抗拒，他们往往不会告诉卖家在什么情况下他们才有可能购买商品。所以文案创作者应该站在客户的角度分析他们真正的需求，然后在文案创作的过程中满足他们的需求，或让客户自己发现自己的需求，从而促成客户最后的消费行为。

某房地产经典文案

2. 发现商品的新用处

文案在帮助客户发现新商品的用处方面也有关键作用，通过有创造力的文案可以发掘出使用商品的新方法，从而产生新的销售机会。

某美容医院经典文案

3. 清楚自己在说什么

创意始于对商品或服务的彻底了解，文案对自己商品的理解越深，就越有机会创造性地销售它。对自己的商品与同类商品相比的优越性了解得越多，就越有利于文案说服用户，消除购买阻力。

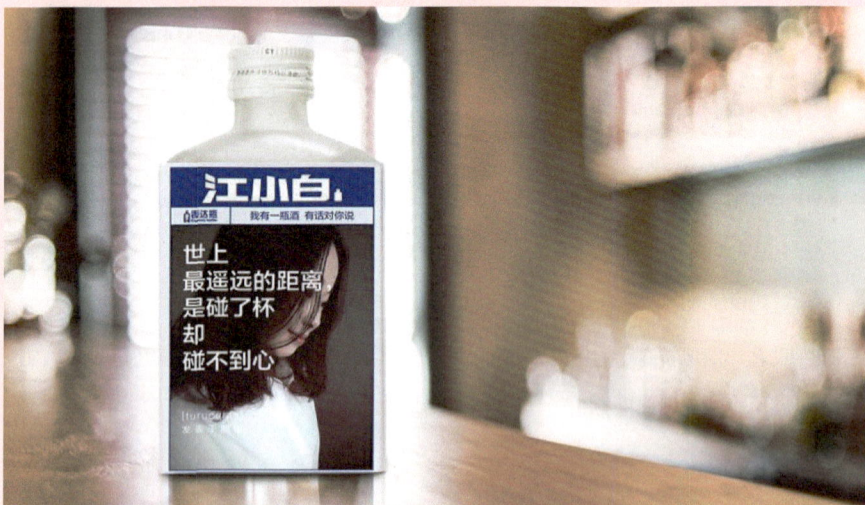

江小白经典文案

2.2 电商文案的工作流程

早在几年前，中国电子商务的个性之战已经打响，在淘宝与天猫的线上商圈中，文案作者不断涌出，有些文案作者是通过雇佣关系而负责广告创作的，而有些文案作者就是店主自己，他们自主完成广告创作。作为目前最炙手可热的文案类型，电商文案利用紧抓用户眼球的方式赚取点击、销量和人气，获得了十分不错的效果，电商文案的工作流程也在不断发生变化和完善。

2.2.1 创造目标市场

当大量消费者都希望做某一件事，都想要购买某一种商品时，那么说明这块市场的发展空间非常大，其文案创作也有无数种可能。在撰写商品文案之前，必须充分挖掘消费者的渴望，找到消费者真心"想要"或是"渴望"的内容，并将它们在文案中清楚地表达出来。

每一个商品市场都想要满足消费者不同的需求，而文案的首要任务就是精准地找到这些需求，然后把它们放在商品描述里面。

中年女性服装文案

以中年女性为主要客户群的服装市场，这部分女性人群基本上有两个最核心的渴望。

①希望自己变得有魅力。

②保持青春，延缓衰老。

如果商品文案针对这部分人群，那么就需要在商品描述中撰写出可以打动中年女性群体的文字，并通过文案表达商品可以满足她们的需求。

点评

这是某品牌服装的商品文案，文案的目标消费者是喜欢简约风格的人群，所以文案用"简约优雅""喜欢自己简单干净的样子""做一首带有韵脚的诗"描述商品，如此正中目标消费者的下怀，促使他们购买。

2.2.2　了解消费者对商品的认知

在创造了目标市场后，就需要了解这部分消费者对商品的认知。文案必须思考一个很简单，但却常常被忽略的问题：消费者对于商品所能满足他们需求和期待的程度，有多少了解？针对不同类型的消费者，在撰写商品文案的时候，肯定会有不同的方式。例如，撰写一篇白酒文案，商品是全新的品牌，而不是茅台、五粮液这些已知的大品牌，如果要销售给已经定位好的目标消费者，那么文案中就需要更多证明商品优点的细节，指出该商品如何满足目标消费者的需求，并且强化他们对该商品的渴望。下面对面对不同认知程度的消费者时的文案创作技巧进行介绍。

1. 完全了解商品

这种情况是指消费者通常有非常明确的购买目标，以及知道要买的商品的用途。所以文案通常不需要使用更多的描述去"推销"，大部分该类型的消费者比较在意的是商品的价格。

服装商品打折文案

2. 了解但不想买

这种情况是指消费者可能对商品有基础的认识，但并不了解该商品与其他商品的差别，或还不够说服他购买这种商品，这也是目前市场上大部分的商品或品牌面临的问题。这时，可以采用以下两个小方法加速潜在消费者的转变。

◆ **用刺激眼球的文案效果展现商品**。使用能够勾动情绪的字词，让消费者可以"看到"和"感觉到"商品。电商商品难以让消费者直接触碰到实体，因此需要文案用大量的视觉化信息满足潜在消费者感受商品效果的需求。根据研究显示，当文案能够唤起消费者的"想象力"，让他们感觉到自己已经拥有商品时，那么就能大大提高消费者购买的欲望。

◆ **提供更多可信的保证**。当文案提供更多的商品细节、商品评论、代言人保证、国家认证等时，商品或服务将更有说服力。需要注意的是，在这个阶段，消费者可能仍在观望，因此文案要解释商品比竞争对手好在哪里，以及要如何唤醒消费者的购买欲望。

微信美容面膜文案

从微商兴起时起，面膜等美容商品几乎占据了朋友圈的"半壁江山"。据统计：护肤相关的商品占了全球化妆品市场的36.1%，在这么多同类型竞争商品中，如何让消费者选择我们的商品？这就需要文案必须提供足够的信息说服消费者，说明我们的商品如何能够满足他们的需求，就是商品文案要写的重点。例如，国外的一些高端知名品牌面膜的文案就会这样描述：贴上去以后感觉不会太厚重，原料是有机生长的植物、通过冷压技术制成的，面膜都是纯手工制作的，绝对不是其他微商的低价商品可比的，这样的商品文案就比呆板的陈述商品功能来得吸引人。再例如，早期的朋友圈美容商品文案，往往不只是写商品是什么，还介绍商品故事，包括它怎么被发现，如何被使用，为什么有效等，如果这些内容还不够吸引人，再通过使用前后的对比图，让商品更有说服力。

3. 快速上新

这种情况是指电商知道消费者有商品需求，但不知道所提供的商品是否能够满足这个市场。例如大部分科学研究的突破、关于健康的科技商品等，通常会被归类在快速上新这个类别中。这种情况下，文案可以通过以下3个步骤循序渐进地介绍商品。

◆ **展示消费者渴望解决的问题**。因为消费者不知道新商品能否满足他们的需求，因此文案在这个阶段去描述商品内容是没有用的。文案中首先应该直接描述问题本身，也就是消费者可能遇到或需要解决的问题。

◆ **证明商品提供解决的办法可以被实现**。这个阶段要告诉潜在的消费者，如何解决他们的问题，向他们展示这样的想法如何实现。当文案能够提供更多的细节时，潜在消费者将会更容易相信商品。

◆ **证明商品就包含了这样的解决方法**。这个阶段要说明和展示该商品解决消费者需求的过程和步骤，例如，展示该厨房用品为什么不需要清洗。

智能健康机器人文案

2.2.3 了解市场的成熟度

市场的成熟度指在商品推出以前，市场上有多少相似的商品，也就是说，竞争对手越多，商品所在的市场就越成熟。这样的市场状况，也是目前大部分电商所面临的问题，此时增加商品的可信度就显得十分重要。下面对市场成熟度的几个阶段进行介绍。

1. 原生市场

这是市场成熟度的最初阶段。在这个阶段，市场上有没其他相似的商品，也就是没有竞争对手，这个时候的文案需要全面展示商品的内容，说服消费者购买，这和消费者认知程度的第三个阶段是一样的。

2. 中度成熟的市场

这是市场成熟度的第二个阶段。在这个阶段，市场上可能有一些相似的商品，而消费者也对那些商品有所认识。在这个状态下，撰写文案前应该观察一下竞争对手在做些什么，他们采用了什么样的手法，他们如何描述商品，从哪个角度撰写，用什么样的营销方式。然后，在竞争对手的策略上进一步优化。例如，电商竞争最火热的女装市场，大部分人会以为这是一个非常成熟的市场，机会很少，其实在网络购物日益成熟、年轻人成为电商消费者主力的今天，人们往往容易忽略一些细分领域，如中老年、大码女装等，而"上新"永远是这个行业的关键词。

3. 非常成熟的市场

这是市场成熟度的第三个阶段。在这个阶段，市场上有非常多类似的商品，俗称标品市场，消费者很难去发现新的商品。不过这个市场永远都有受众，市场也会自己汰旧换新。例如，家用电器商品就是一个非常成熟的市场，因为知名品牌数量并不多，但是消费者的家用电器随着时间的流逝会被更新换代，同时，随着技术水平的提高和更新，还可能会出现新的品牌或商品。

虚拟现实商品文案

2.2.4　强化商品特性并撰写文案

在做好以上的工作后，接下来就需要强化商品特性并撰写文案。大部分文案中的商品页面描述都存在重复描写同样的信息、样式过于标准化等问题，这样很难引起消费者阅读的兴趣，只有好的商品页面描述才可以增进电商和潜在顾客之间的关系，鼓励消费者重复购买，甚至使电商追加销售。

1. 将商品的特征与消费者会获得的好处相联系

文案的描述要说明商品有多好，如何使用，还需要说服消费者为什么应该拥有这个商品，告诉消费者当他们购买了这个商品后会获得什么样的好处。

OPPO手机

点评

　　这是OPPO手机的商品文案，该文案突出的是手机的闪充电功能，将"充电5分钟"这个商品特征与消费者获得的好处"通话2小时"联系起来，解决了用户手机电量消耗的问题。

2. 定义语言风格

　　通常情况下，为了不让商品页面看起来太无趣，文案都会使用自己独特的语言风格，目的是和竞争对手有所区别，同时也能增加消费者的体验程度，建立电商自己的品牌印象、传播自己的组织文化和彰显自己的个性。简单来说，文案可以突出商品想要强调的部分，还能通过独特的语言风格传递出友善、平易近人的感觉，传达出对每一位潜在消费者的重视和竭力提供服务、解决问题的决心。

茶具文案

　　"冲泡能力：最多六杯"

　　"为你自己来一杯，或为自己的兄弟同时提供热腾腾的清茶——六杯！都让你自己决定。"

点评

　　第一种描述就是普通、呆板的茶具文案的语言风格；第二种描述则是从消费者的角度出发，在和使用商品的人对话，更容易打动消费者。

3. 内容设计

　　在定义好语言风格之后，就可以对文案的整个页面进行设计了，通过以下几点注意事项，可以快速抓住文案内容设计的重点。

　　◆ 罗列项目，强调重点。

◆用标题抓住消费者的目光。

◆字体够大，排版干净整齐。

◆通过视觉内容增加消费者对商品的渴求。

◆减少消费者购买的愧疚感。

◆增加潜在消费者的想象力。

◆挑起消费者的情绪（多使用动作动词或情绪形容词）。

◆在主画面只呈现需要的内容。

消费者在浏览一个页面时，实际看到的内容大约只有16%，所以，商品文案必须保证可以在很短的时间内让消费者看出来与其他竞争对手的差异，或是与其他众多商品的差异。

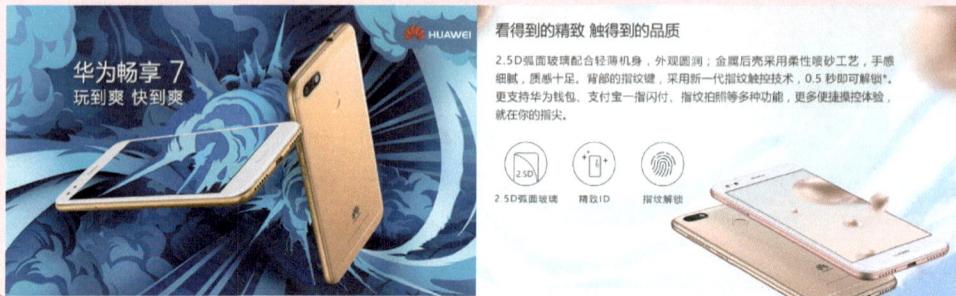

点 评

这是淘宝中某款手机的详情页页面，在首焦图中，文案清晰明确地表明了商品的卖点——快。对于追求手机性能的消费者，特别是年轻消费者来说，这个文案会非常具有吸引力。

4. SEO优化和内容页面优化

SEO是由英文Search Engine Optimization缩写而来的，中文意思为"搜索引擎优化"，这里的优化是指在文案中使用消费者喜欢使用的一些关键词，方便消费者通过网络进行搜索。所以，在文案写好了商品页面内容之后，除了需要针对商品买家做调查外，也要分析网店的关键字流量，尽量将主要的关键字加到商品标题中，这对商品排名来说是很重要的。

在优化内容页面时，应尽量避免"行话"，除非买家都是专业人士，并要将具有诱惑性的词语用在文案的标题、次标题和内文中（但不要过度使用）。在优化文案的商品图片时，可以标示买家会在意的特色，还可以为图片添加标题、描述和文字标签。最好不要与同行使用相同的商品页面内容。

商品标题中的关键字

5. 行动呼吁

这是很多人在撰写文案时非常容易忽略的一个步骤，如果消费者没有行动，文案就发挥不了效果。让消费者采取的行动要越简单越好，越具体越好，越明确越好。不能让他们需要做很多的努力才能够购买到商品。文案必须给他们一个立刻行动的理由，以明确、积极、主动的文字，呼吁消费者采取行动，或者购买商品。

聚划算

点 评

上图就是淘宝中对于消费者进行行动呼吁的典型。很多参加电商活动的商品，都会使用一些行动呼吁的文案词语，吸引消费者快速下单。

6. 常见问答

虽然有时候文案已经写得非常详细了，但也会漏掉消费者特别关心的一些问题，所以撰写文案需要站在消费者的角度去思考，需要提前在文案中解答这些问题。消费者经常提到的疑问和问题主要包括：送货问题、质量问题、退货问题、安全问题、使用问题等，我们在撰写文案时考虑得越周详，消费者就会越放心，越满意。

常见问答

2.2.5 审查并确定文案

对文案进行审查是指针对特定时间段所策划的、具有特定目的的一组（一次或多次）审核。审查的项目包括策划、组织和实施审查的所有必要活动。审查需要电商的最高管理者对审查方案的管理进行授权，通常是授权管理者代表对文案进行策划和管理。

审查通常是由一个部门或一个工作小组进行的，它针对商品或品牌的要求对文案进行修改。修改完成后，由文案和部门负责人联系商品或品牌宣传负责人，再次对文案进行审查，并按照其要求进行一次或多次的修改，直到满意并确定方案。

大众汽车经典文案

第3章
电商文案创作的基本技巧

从全球知名企业的文案中，很容易看出这些企业的商品定位、创新以及特色服务，因此对于电商文案来说，怎样用最快的方式、最直接的语言传递完整的信息，就需要有一些基本的创作技巧。一名优秀的文案工作者不仅可以创造新颖实用的文字组合，更要像一个幕后的销售专家，正如邮寄广告文案约翰泰赫所说："我们不是在做为了原创而原创的事务，我们经常处于需要重新使用那些行之有效的东西的事务中。"

3.1 电商文案创作的基本模式

早在几年前，在淘宝与天猫的线上商圈中，伴随着大量的促销活动，文案在互联网下呈现在广大用户眼前，这标志着电商文案的公开较量伴随着促销提前开始。文案作为一种以文字和图片为主体的广告形式，已然走在了电子商务竞争第一线。

2013年"6·18"电商价格战文案汇总

2013年"6·18"电商价格战前夕，网络上曝光了几家大型电商的广告宣传文案，出奇一致的是这些广告文案不再有多种商品的堆积设计图，不再有明确的降价促销折扣，而统一代替的是标幅式宣传语，这当中也不乏有挑衅的意味。京东——别闹、苏宁易购——别慌、当当网——都别吵、易迅——别吹、亚马逊中国——比价、国美——都别装、1号店——别不信，这样的字眼扎堆出现在微博，连行业内的不少人士都很吃惊！

点评

先不谈这些文案是否有联合炒作或"群起而攻谁"的嫌疑，单从上述文案主要的角度不难看出，这里的关键字都在围绕着一种"态度"，即面对竞争时刻的姿态气场与自我宣传。其次，文案中心内容均是针对标语关键字的详细描述，而结尾则默契地张贴了网站标志。这就是一次典型的电商文案创作大集合。

电商的各种促销活动是提高商品销量的必要手段，很多卖家都会报名参加这些促销活动，而促销期间就需要创作大量的文案。都说顶级的文案要有顶级的洞察力，但是电商文案的洞察力要建立在大量的经营经验和对消费者研究的基础上。这也就是为什么诸多的文案工作者需要不断地通过交谈、调查去了解行业通识，了解消费者的需求，才能创作出精确洞察的文案。

通常在撰写文案之前，文案工作者要对商品、市场等有深入的了解，这些都是写文案时最基础的知识储备。对于电商文案的创作者来说，可能都知道文案必须展现商品卖点，如商品质量、设计、包装等，但如何挖掘商品卖点，以便更快速、高效地写出异于同类商品的文案，这就需要了解文案创作的几种基本模式。

3.1.1 九宫格思考法

九宫格思考法是强迫创意产生的简单练习法，很多人都常用这种方式构思出文案策划方案或演讲PPT的结构等。九宫格思考法的操作步骤如下。

01 **步骤1：** 拿一张白纸，先画一个正方形，然后将其分割成九宫格，将要进行创意思考的主题（商品名等）写在正中间的格子内。

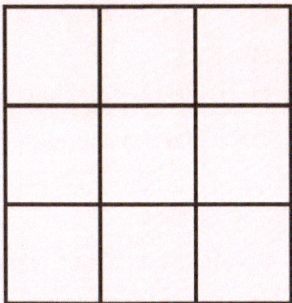

02 **步骤2：** 将与主题相关的联想任意写在旁边的8个格子内，尽量用直觉思考，不用刻意寻求"正确"答案。

03 **步骤3：** 尽量将8个格子的内容扩充完整，鼓励反复思维、自我辩证，先前写下的内容也可以修改。

1. 如何填写九宫格

九宫格图有助于人的思维扩散，用九宫格思考法创作电商文案时，要把商品名写在正中间的格子内，再把由主题所引发的各种想法或联想写在其余8个方格内。对于电商文案创作，可以采取下面两种填写法。

◆ **依顺时针方向填写：** 按照顺时针方向把自己所想到的要点填进方格，循序渐进、由浅入深地对商品进行挖掘。

◆ **从四面八方填写：** 将自己所想到的要点填进任意一格，不用刻意思考这些点之间有什么关系。

2. 填写九宫格的注意事项

如果8个方格填不满，可以尝试从不同角度进行联想。如果8个方格不够填，可以继续绘制九宫格图，进行补充填写。

在填完九宫格后，可以对所填内容进行整理，分析每个要点的主次，并做出取舍。对于不明确的要点，也可以重新修改。这就是九宫格思考法的好处，它可以让文案创作者尽情进行发散思维，对每一项要点进行思考、细分和扩展，达到一步步完善文案内容的目的。

对于电商文案来说，很多时候并不能直接把商品的所有优点都表达出来，通常情况下，需要对其进行多重包装和强化。如果某一商品的优点太多，最好的方法就是强化其中一个或几个突出的功能，这样就更容易让消费者记住文案。

另外，对消费者记忆点的使用要因地制宜。比如，文案如果用在海报或者推广图上，其记忆点最多不要超过3个，但如果文案在详情页上使用，则要尽可能地展示出推广商品的重点优势。

创作一款迷你空气净化器文案

通常空气净化器越大，其净化能力就越强，但迷你空气净化器的特点就是体积小，与iPad差不多大，但其空气净化能力与一台普通卧式空调大小的空气净化器相当。除此以外，该空气净化器配有两套防尘系统，还有语音功能、LED显示屏，售价是普通空气净化器的一半。可见，这款空气净化器无论是功能、配置还是价格，都是同类型商品中的佼佼者。另外，这款空气净化器还摒弃了千篇一律的海量流水线制造规则，采用"定制"方式。对该款空气净化器的特点总结如下。

◆迷你空气净化器，主机后侧面积仅比iPad略大，单手即可托起。
◆最新两套空气过滤器，吸力永不衰减，终身无须更换耗材。
◆无级调速划钮，根据空气质量好坏，自动调节功率。
◆一键除尘，滤网和尘桶可直接用清水冲洗。
◆5英寸大屏幕LED显示，直接触控，也可以遥控，使用方便。
◆瑞士可水洗医疗级除螨过滤，并具备空气加湿功能。
了解了空气净化器之后，使用九宫格思考法提取卖点的效果可参照下图。

体积小	定制	一键水洗
噪声低	净化器	除螨加湿
技术先进	两套系统	自动智能

点评

通过九宫格思考法将这款空气净化器的优点列举出来之后，文案创作者需要打开思维，对这些优点一一进行分析，再与市场上的同类商品文案进行比较，创作出一个有吸引力且与众不同的文案。

3.1.2 要点延伸法

要点延伸法是将商品特点以单点的形式排列开来，再针对单点进行展开叙述，丰富文案的素材、观点，为文案提供资料来源。要点延伸法的要求是将商品的要点展开，需要对商品有深刻的使用体验和商品认知。如果说九宫格思考法引发的是对商品卖点的思考，要点延伸法更像是对商品卖点的展开和内容扩充，将卖点详细、扼要地描述出来。

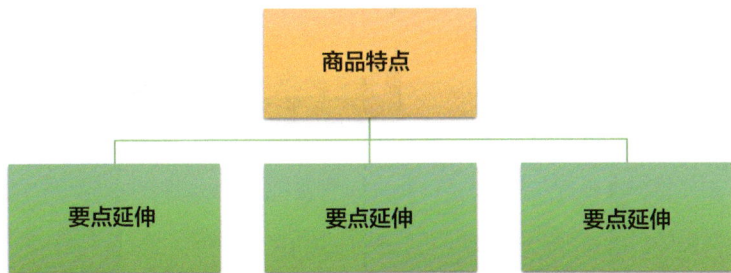

淘宝网某图书详情页文案

要点延伸法其实最适合使用在详情页文案的创作过程中，如下面这款图书的详情页文案设计，主要展示该书的两个特点：一是目前销量超过11万本；二是此书配备同步视频，有利于读者同步学习。

针对商品的这两个特点，采用要点延伸法进行要点延伸。一方面，对于销量的优势，通过总销量、单月销量、累计评价量和网店的收藏人气量几个方面进行了说明，并通过消费者的口碑评价来延伸说明此书的优点；另一方面，通过出版社的正版授权，说明此书的质量优秀，同时结合同步视频的技术特点来增加消费者对该书价值的认可，刺激消费者进行购买。

3.1.3 五步创意法

这种文案写作方法是美国著名的广告大师詹姆斯·韦伯·扬创造的，顾名思义，这种方法需要用五个步骤来完成文案创意的创作。

01 **步骤一：收集原始资料。**原始资料分一般资料和特定资料。一般资料是指人们日常生活中所见所闻的令人感兴趣的事实；特定资料是与商品或服务有关的各种资料。文案创作所需的要素大多从这些资料中获得，因此要获得有效的、理想的创意，原始资料必须丰富。

02 **步骤二：内心消化。**思考和检查原始资料，对所收集的资料进行理性性的吸收。

03 **步骤三：放弃拼图，放松自己。**在这一阶段，创作者不用做任何努力，尽量不要去思考有关问题，一切顺其自然，简而言之，就是将问题置于潜意识之中。

04 **步骤四：产生创意。**詹姆斯·韦伯·扬认为，如果上述三个步骤创意人都认真踏实、尽心尽力去做了，那么，第四步会自然而然地出现，灵感会在没有任何先兆的情况下突然出现。换言之，创意往往是在竭尽心力、停止有意识的思考后，经过一段停止搜寻的休息与放松后出现的。

05 **步骤五：修正创意。**一个新的构想不一定很成熟、很完善，它通常需要经过加工或改造，才能适合现实的情况。

阿迪达斯文案

3.1.4 三段式写作法

三段式写作法比较适合简短文案的创作，因此常用于氛围图的配文或页面Banner的引导。

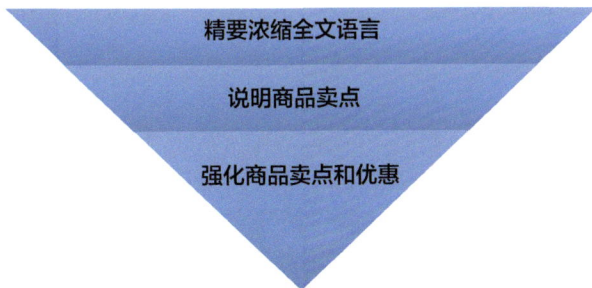

第一段： 第一段一般是将浓缩商品信息、商品优点等销售语言表达出来。

第二段： 第二段解释销售语言中的卖点或将销售语言延伸开来。

第三段： 最后一段点明前面阐述的商品销售语言或者卖点能给消费者带来什么直观的效果。

其中，第三段最为重要，这一段中要把消费者使用商品之后的场景、效果直接表达出来，让消费者产生购买欲望。

3.1.5 头脑风暴法

文案的存在为商品和品牌披上了一层新的"外衣"，让消费者能愉快地接受这些事物，这些都是创意在产生作用。文案的创意是文案最重要的元素，而头脑风暴法是最有效、最常用的创意产生方法。头脑风暴法是现代创造学奠基人、美国学者阿历克斯·奥斯本提出的一种创造能力的集体训练法，它鼓励人们打破常规思维，无拘束地思考问题，从而使人们在短时间内产生批量灵感，甚至能有大量意想不到的收获。

1. 围绕主题进行联想

头脑风暴法的第一步是审读主题，并围绕主题进行联想。我们思考的时候可以天马行空，但是不能跳出主题所构建的范围。如果要进一步仔细思考和联想，可以寻找该事物不同的特点和不同思考方向，根据每个特点和方向罗列相应的两三个关键字，再次分别打开新的思路。

特点/方向	特点1	特点2	特点3	特点4
方向A	1A	2A	3A	4A
方向B	1B	2B	3B	4B
方向C	1C	2C	3C	4C
方向D	1D	2D	3D	4D

上图中共有16种创意组合，对关键字进行随意搭配的时候，首先对同一个特点方向的关键字进行随意搭配，就会出现不同场景下的关键字组合，这是创意来源的一种方式。其次，随意组合不同特点与不同方向的关键字，再对搭配出来的关键字进行画面联想。关键字搭配组合成功后，在联想的过程用笔在白纸上勾勒出想象中的图，随意表达对关键字的想法，而这些不同的东西又会给予我们不同的灵感创意。

2. 确定文案的风格

文案的风格多数取决于所要描绘的商品，情怀、有趣、温馨、实在、华丽、无厘头、好玩、高大上等，这些都是文案涉及的风格样式。例如，杜蕾斯的文案总是十分有趣，让人看了不禁会心一笑暗自称好；锤子手机的文案自始自终都在表达情怀，用情怀俘获了大量锤子粉丝；宜家家居的文案走的是清新温馨的路线，它为用户营造出家的感觉，并时刻提醒消费者什么是有质量的生活。所以，作为文案的作者，需要先了解文案都有哪些风格，然后确定使用哪一种。

3. 进一步理解主题

认真思考并表述清楚文案的主题是什么？应该在哪里使用？为什么消费者会使用和接触商品？一般在什么时间点会用得比较多？对其使用效果进行了怎样的评价？思考完这些，就能对这个商品或品牌有一些明确的想法，便于进一步确定文案的主题。

4. 换一个角度搭建场景

向别人抛出一个商品或者问题时，先假设自己正在使用某商品或做某件事，换一个角度，站在第三方的立场来看待这个问题，根据一些决定性因素思考别人可能会有的想法，会遇到什么需要改进之处，把自己当成消费者来搭建使用场景。场景被搭建出来后，应当具体化这个场景，具体化成生活中容易理解和令人意想不到的事，例如香飘飘奶茶的文案："一年卖出七亿多杯，杯子连起来可绕地球两圈。"

宜家文案——清新温馨

5. 参考各种外部信息

在撰写文案前，参考各种外部的信息进行综合整理，如已完成的案例、各种外部素材、流行热点等。

◆ **已完成的案例：** 从中寻找各个案例中的异同点，判断是否成功，再去寻求差异化，从而完善这次案例。

◆ **外部素材：** 如在看微信热搜排行榜和热门微博时，可以从微信和微博搜索栏中搜索关键字来寻找参考。

◆ **流行热点：** 结合时下热点，借势热点带来的流量，在结合商品的基础上搜索和参考同行业的个性化风格。

麦当劳——奥运热点文案

6. 修改并确定文案

撰写文案并进一步修改文案的内容，考虑文案可行与否，有没有向消费者明确地传达出商品的特点和亮点，文案想要表达的卖点是否吸引人，是否能够触碰到消费者的痛点，这些都是文案修改过程中需要重点关注的问题。在条件允许的情况下，可以把文案初稿展示给其他人进行讨论和评价。最后再确定文案的内容，并对其进行最终的审查。

7. 通过不同的环境制造创意

除了以上方法可以促进头脑风暴外，还可以通过听歌、变换地域位置和进行记录等方式来获得文案的灵感。

◆ **听歌。** 头脑风暴有时需要一点外部刺激，比如听一些歌曲，让这些歌催化灵感，让自己处于一种听到音乐更容易产生灵感的状态。

◆ **变换地域位置。** 变换不同的地点进行思考，不同的地点会刺激大脑在分泌激素时产生差异，从而使得从大脑溢出的想法也不同。例如，一个喜欢宅在家里的文案人员，去野外进行一次旅行，可能会产生不同的心境和感悟，文案的主题也许会从"一屋不扫何以扫天下"改变为"一次的青春，一次的勇往直前，一次的无怨无悔"。

◆ **经常记录。** 很多时候创意和灵感来源于生活中的灵光一现，在生活当中我们看到和听到一些有意思的东西时，及时记录下来就会成为一个新素材。平时细心观察各种大小事，从观察到的现象中进行思考、联想和挖掘，这些都可能成为文案创作时的灵感源泉。

某品牌牛仔裤文案

3.2 电商文案创作的切入点

电商文案找不准切入点，就像没有开刃的武器，是无法胜过竞争商品、获得消费者的欢迎的。什么是切入点？通俗地说，切入点就是解决某个问题时应该最先着手的地方，切入点在文案内容上应该是"牵动全身的点"。电商文案的切入点是一种工具，一种连接商品和消费者的工具，在形式上它应该能激发消费者思考，能搭建文案内容和消费者已有知识结构之间的联系。

3.2.1 利用新闻"博"眼球

以新闻故事为切入点做文案，不仅关注了新闻，还反映了商品与新闻一样的超前意识和行为特征。利用新闻切入点做文案，杜蕾斯可以说是首屈一指，几乎有一大半的文案都是利用新闻作为切入点的。

可口可乐文案

2015年，根据某两位明星的娱乐新闻，可口可乐创作出了"这个夏天，可口可乐'Li'加'冰'才更完美！"的创意文案。

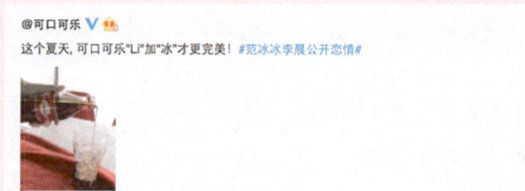

@可口可乐 V 🐻
这个夏天，可口可乐"Li"加"冰"才更完美！ #范冰冰李晨公开恋情#

🔧 点 评

这个文案的价值在于文案本身的内容，它以新闻事件作为切入点，将文案变成了自己独特的品牌符号，而这种品牌符号最后甚至变成了可口可乐的品牌资产。

借助新闻创作文案需要注意以下几点。

◆ **了解新闻故事的生命周期。** 通常新闻都有一定的时效周期，利用新闻创作文案的最佳时机，就是在新闻发生到媒体记者挖掘更多的信息这段时间里。如果文案创作者能以最快的速度创作出与新闻故事相关的文案，就很容易被关注新闻的人们接受。反之，当人们看到文案时想不起新闻，就无法完成文案的目标。

◆ **做好获取新闻故事的前期准备**。对于职业文案创作者来说，必须学会第一时间抓取有热度的新闻，并找到与商品契合的创作点。第一时间获取最新的新闻的来源或方法主要包括Google快讯、百度关键字订阅、简讯订阅、搜索引擎、RSS（简易信息聚合）等。

◆ **做好写文案前的调查工作**。获得新闻之后，不必立即着手文案的写作，还需要研究及查看关键字的搜索量，利用站长平台、爱站网、百度竞价后台、百度指数等工具查阅新闻中不同短语的搜索量，在写文案时尽量选择和使用搜索量高的关键字短语。

◆ **快速准确地创造出文案内容**。由于新闻具有时效性，在做上述准备工作时一定要快速，不要因过于追求完美而耽误首次响应的时间，从而影响文案的新闻效果。

◆ **做好线上线下传播**。文案创作完成后还需要认真选择宣传渠道，这也是决定文案成功与否的最后一步。尽量选择与新闻联系紧密的平台，如微博、微信等。

3.2.2 把热点话题炒到爆炸

热点指的是比较受大众关注或欢迎的新闻和信息，也指某时期引人注目的事物或问题。热点通常能吸引大量的关注，为商品推广或销售提供大量的目标基础。如果一个热点事件一直在被大众关注，则与此有关的文案很容易得到传播；如果能在八个小时之内抓住热点写出文案，则其传播会更快。

京东

在2014年，当"科比超过乔丹"这一新闻成为热门话题时，京东曾经推出一则文案：之所以会超越传奇，是因为成功者都在他人看不见的地方流下过无数辛劳的汗水。

我知道洛杉矶每一天凌晨四点的样子——科比·布莱恩特

我知道北京每一天凌晨四点的样子——配送小哥

点 评

　　京东的这则文案非常贴切地借助热点，塑造了一个像科比一样勤奋的"京东配送小哥"的角色，给人留下了非常深刻的印象。

1. 掌握热点话题的时效性

　　据统计，任何热点话题一般在一个星期后，人们对它的关注热情就会退却，热点话题就失去了时效，也就失去了利用的价值。所以，一个星期的时间，便是这个热点话题的有效期。对于利用热点作为切入点的文案，最好是在话题出来后的前三天内就抓住机会，这样将能博得大量的关注。

2. 保证内容与热点话题的契合度

　　无论是为哪个行业、哪些商品创作文案，最重要的就是把文案内容与热点话题联系起来，并保证两者之间的契合度。只有与热点话题有一定相关性的推广文案，才能获得更快更好的营销效果，否则容易事倍功半，得不偿失。

3. 懂得利用话题关键点并创新内容

　　在利用一个热点话题创作文案时，最重要的是抓住话题的关键点，另外还要学会创新转换，而不能一味地复制套用。例如，在某一段时间里，"且行且珍惜"的话题引爆了热点，此后在很长一段时间里，这几个字密集地出现在人们的眼前，各种广告、新闻、图书、微信、微博都被这几个字霸占。当大量同类型的文案消耗了受众的新鲜感、很难再引起人们的关注时，杜蕾斯就创作了文案"有我，且行且安全"，轻松破题。

3.2.3 在平凡中找到亮点

　　对于普通消费者来说，如果文案能涉及他们生活中最关心的问题，其实更能吸引他们的注意，比如食品卫生、环境污染、物价、交通出行、教育等。

健康食品文案

1. 找出文案与普通生活问题的联系

　　在创作电商文案时，如果能将消费者目前最关注，或者一直以来都很关注、但一直得不到解决的问题，与文案推广的商品联系起来，写出的文案一定能引起消费者的关注。例如，对于普通消费者来说，衣、食、住、行是最基本的生活要求，特别是对于在外漂泊工作的人来说更是如此。于是，有房地产商就推出了这样的文案"决定留在这个城市"，内容如下：

> 是时候选择留下来了，在很久的漂泊和疲惫之后，开始欣赏这里的繁华生活与经商活力，欣赏熟悉的生意伙伴和生活氛围，欣赏这里每天的进步、每天的完善，欣赏这个城市的质朴、勤劳与和善，所以，选择××楼盘，选择不再犹豫。

文案温馨亲切，打动人心，将楼盘的销售与普通人最关心的住宅问题联系起来，容易引起消费者的共鸣。

2. 提出解决问题的方案

对于大多数普通人来说，除了会关注食品安全问题、空气污染问题、养老问题之外，还会有就业问题、考试问题、学习问题等方面的困扰。如果在文案中能给这类人群提供一个比较巧妙的解决方案，那么他们肯定会喜欢这个文案并信任文案中的商品和品牌。文案帮助消费者解决了面临的难题，消费者自然也就会主动关注文案中所推销的商品和服务，甚至促成购买。

3.2.4 大家向左我向右：进行逆向思维

逆向思维就是把事情颠倒过来，朝相反的方向和角度去思考问题或提出解决办法的一种思路。在这个资讯十分丰富的互联网时代，各种广告投放铺天盖地，商品市场的竞争也尤为激烈，按照一般的逻辑来进行文案创作已经很难达到以前的效果，商品也很难在竞争中脱颖而出。使用逆向思维创作文案正好区别于正向思维，它提出与众不同的诉求点，使文案标新立异、出奇制胜。

1. 商品质量

对于消费者来说，商品质量就是衡量商品使用价值的尺度，它体现了商品所具有的特征和性能，以及满足消费者需求的程度。正向思维的文案多数都会尽情地描述商品是如何高档、精致、耐用的，但质量的好坏是要通过消费者自己来检验的，过度地宣传、鼓吹商品的优点反而容易引起消费者的反感。利用逆向思维，如果文案将商品的"不足之处"巧妙相告，在某种程度上会更容易博得消费者的好感和理解。

某品牌汽车自嘲文案

20世纪80年代中期，某品牌汽车公司在美国推出的一则轰动一时的文案内容如下：

"某某房车被汽车杂志权威评为汽车大王！" ——"他在说谎"

"某某房车最高时速可达300英里！" ——"他在说谎"

"我绝不会说谎，绝不是吹牛皮的人！" ——"他在说谎"

点评

这则文案推出后轰动一时，获得《广告时代》周刊的好评，为该品牌汽车在美国的销售带来了前所未有的效果，后来还被评为20世纪80年代美国经典广告创意之一。实际上，普通商家一般难以忍受自己的商品被如此夸张地取笑，而且消费者的接受程度也很难预测，但在慎思之后，偶尔选择这一手法，也许更能达到出其不意、出奇制胜的效果。

2. 商品价格

对于所有的商家来说，价格对消费者购买商品的影响其实是最大的。在同类商品中，价格低的商品，消费者的接受能力更强。但对于一些有经济实力的高端消费者来说，他们喜欢追求豪华奢侈的消费体验以满足心理需求。对于针对这类消费者的商品就可以利用逆向思维，利用高价定位来宣传商品的品质，以迎合特定的目标消费群。比如前面介绍过的皇家芝华士的文案就是运用逆向思维技巧，巧妙地以普通消费者消费不起为诉求点，将逆向思维技巧运用得淋漓尽致，既可满足目标消费者的自尊心理，显示其身份，又与竞争者形成差异化的商品形象，再搭配优质的商品质量和服务，取得了优秀的销售成绩。

3. 商品服务

商品服务是消费者购买物品时应该享受到的除了商品之外的附加体验，包括购买前的商品介绍、推荐，购买时的选择权和对商品的知情权，以及购买后的售后跟踪服务等。利用服务的逆向思维创作文案，同样能起到"曲线救国"的宣传效果。

加多宝——对不起

2013年1月31日，广州市中级人民法院裁定，要求加多宝立即停止使用"王老吉改名为加多宝"或与之意思相同、相近似的广告语进行广告宣传的行为。在这种打击下，加多宝没有正面继续进攻，而是反向思维。2013年2月4日，加多宝官方微博开始泪流满面，连发4条微博，以"对不起"体表明自己的立场。短短不到2个小时，该条微博总计获得4万余次转发，评论1万余次，"对不起"迅速成为热门话题微博。

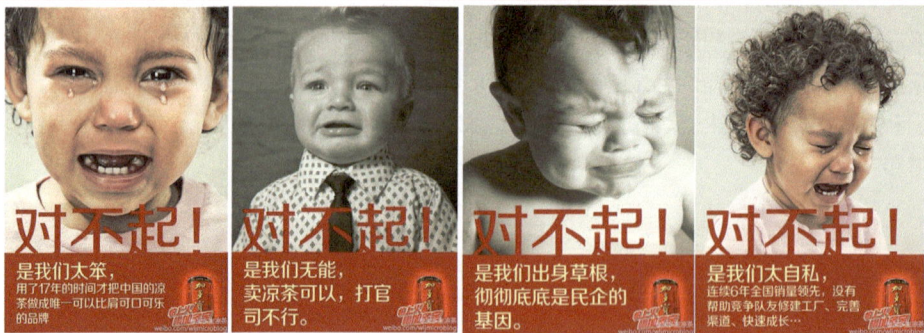

点评

这4条"对不起"文案以事实为依据，以情感为催化剂，迅速扭转了因官司失败造成的负面影响，获得了消费者的同情和认同。

4. 商品特质

商品的特质是商品本身所特有的内在的独特销售点，针对商品特质进行逆向思维是指在文案创作中发掘商品与众不同的特征和性质。当今市场上，商品同质化严重，同类商品的功能几乎相似，而不一样则是商品的包装和诉求方式。在进行文案宣传时，如果能利用逆向思维，推出与主流观点不同的概念，寻找新的卖点，发掘出商品区别于同类商品的特征，将有利于商品特质在同质化严重的市场中获得有利地位。

七喜

面对可口可乐和百事可乐在可乐市场的"垄断"，七喜采用逆向思维，把自己定位为非可乐碳酸汽水，与可口可乐和百事可乐建立起区别，却获得意外的成功，成为碳酸饮料市场上的第三大品牌，创造性的定位为七喜创造了一个全新的市场。

5. 商品的形象代言人

商品的形象代言人是指出现在商品的各种宣传文案中，表达他（她）自己对商品和品牌的认同感，从而使消费者建立或重建商品认可度的人。通常在习惯思维下，男性用品用男性代言人，女性用品用女性代言人，但如果反其道而行之，却可收到意外的效果。比如，现在很多女性化妆品使用男性作为代言人，这样的行为看起来显得不符合逻辑，但其实实施后的效果都表现不俗。帅气的男性代言人容易吸引女性消费者，当看着男性代言人的皮肤都可以保养得光洁细腻后，她们更增强了对该化妆品的信心。

专家点拨

任何事情都有一个度，如果诉求方式超出了一定的界限或者表现手法失误，就会适得其反，容易产生冲突，不仅难以产生积极的效应，反而会给商品带来负面效果。如果在文案中随意运用逆向思维，消费者也很难相信文案宣传的效果，最终也将削弱文案的可信度。

3.2.5 制造冲突：吸引关注就会有销量

在互联网发达的信息时代，随时都有最新的新闻和热点。"温和"的东西多了，偶尔出现一些意外的冲突，也会引起不小的关注。从另一方面来说，普通消费者的日常消费、生活和其他选择等，其实都是不停地解决冲突的过程，如家庭和事业之间的冲突，爱情和金钱之间的冲突，美食和肥胖之间的冲突等，谁能解决这些冲突，谁就能拥有消费者。只要人性不变，冲突就会永远存在。寻找、解决、制造冲突，就能达到营销的效果。

脑白金

点 评

> 脑白金的这则文案就是最经典的制造冲突的文案，从脑白金投放这则文案后的销量就能看出其效果如何。文案的内容就是冲突，冲突的结果就是告诉消费者，需要购买脑白金商品。

3.2.6 最好的文案内容是"真实"

很多时候文案撰写都不是凭空想象的，而应该源自生活的体验。如果文案创作者对一件事没有自己的真情实感，仅仅只是为了写而写，这样的东西是无法打动消费者的。只有"真实"的东西才能被注入情感，在"真实"的基础上创作出来的文案才能打动消费者。例如，演说家崔万志，他的《不抱怨 靠自己》的演讲，在网络上达到8亿的点击量，他在深圳开分享会时，很多人虽然已经听过了他的演讲，但是还是会去听，还是会被他的热情和热血所感染，因为这些都源自他自己真实的经历。

锤子手机

> 2015年5月20日，在锤子手机推出一周年之际，其研发团队在繁忙的新商品开发之余，制作了Smartisan T1一周年纪念版手机（它与普通版唯一的区别是包装和手机壳都使用了玫瑰金色），以纪念这艰难与欣喜交织的一年。文案创作者根据这辛勤工作一年来的各种真实的体验，创作了以下文案：
>
> 我们看到太阳发出的光需要8分钟；
>
> 看到海王星反射出的光需要4个小时；
>
> 看到银河系边缘的光至少需要2.4万年；
>
> 看到宇宙中距离我们最远的那颗星星发出的光需要139亿年；
>
> 所有的光芒，都需要时间才能被看到！

点 评

> 锤子手机的这一周年可能是这家公司艰难蜕变的一周年。文案以我们看到的光为主要表达对象，对手机创意进行了展示。金色的标识在光的照射下容易产生光芒。这则文案帮助商品找到了一个新的意义，一个增值的可能。

3.2.7 我用"真情"换你的"真金"

情感营销文案是指在商品相对成熟的阶段，在品牌的核心内容中注入情感，增加品牌的核心文化，并在商品营销推广的过程中，通过释放品牌的核心情感能量，辅以商品的功能性诉求，打动消费者，从而保持商品在稳定上升的过程中有爆发性的增长。对于普通消费者来说，情感上的触动可以克服其他任何因素，进而产生购买行为。情感文案如同"水"一样，看似柔弱，却无处不流，无坚不摧。市场竞争终归是消费者之争，对于电商来说，将商品与情感通过文案联系起来，获得消费者的信任和喜爱，这样才能取得最终的成功。

南方黑芝麻糊——真情相随

夜晚的麻石小巷，挑担的母女走进来，布油灯悬在担子上，晃晃悠悠。小男孩吸着那股香气，伴着木屐声，叫卖声，跑到担子前。"小时候，一听见芝麻糊的叫卖声，我就再也坐不住了。"男孩搓着小手，神情迫不及待。卖芝麻糊的母亲将大铜勺提得老高，往碗里倒芝麻糊。小男孩埋头猛吃，碗几乎盖住了脸。小男孩将碗舔得干干净净，小姑娘捂着嘴笑了。卖芝麻糊的母亲爱怜地又给小男孩添了一勺，并轻轻抹去他脸上的残糊。小男孩抬起头，露出羞涩的感激之情。

"一缕浓香，一缕温暖。"这则广告文案用古朴的街道、橘红色的马灯、熟悉的叫卖声，共同构成了一幅立体的画面，很容易引起消费者的共鸣。

点 评

这是一则电视广告的文案内容，该文案用点滴细节向消费者传递了"真情相随"的品牌诉求。在消费者心目中，南方黑芝麻糊就是温情，是家乡的味道，其温馨健康的形象通过电视广告得到了广泛传播并深入人心。

3.3 精简文案的内容

文案有长短之分，长文案和短文案各有自己的优势与缺点。能否成功触及消费者的痛点，是决定文案长度的法则。

3.3.1 文案长度的决定因素

对于文案，重点不在于字数的多少，而在于它到底需要提供多少信息才能帮我们达到销售目标，所以，文案的长度实际上取决于商品本身、目标受众、文案的目标、情感参与度这4个要素。

1. 商品本身

大部分商品都有自己独特的、值得强调的特色和功效，而另外一些商品的特色和功效则比较单一，加上商品在行业、类型、定位和目标消费者等方面的不同，最终造就了不同商品本身值得文案推送的项目和宣传点的不同。比如葡萄酒和二锅头这两种不同的宣传文案，葡萄酒的文案较长，而二锅头的文案则简单，因为二锅头定价相对较低。把目标人群定在工薪阶层的二锅头，将"三五好友周末撸串的最好选择"作为广告语显得更真实。毕竟，买二锅头的消费者不会在意它的酿造方式、选料地点、沉淀时间。相反，用来体现生活追求的葡萄酒，其文案就需要好好展示这些元素，所以文案的长度也就不一样了。

2. 目标受众

在这个电子商品普及的互联网时代，人们越来越懒于阅读各种文字，很多时候目标受众根本不会阅读一大堆的文字信息。这是一个读图的时代，所以各种电子商品的文案，文字越来越少，图越做越美。当然，也有些消费者对文字比较感兴趣，如果他们能在文案中收获各种趣味知识时，也会认真将长篇文案读完。

苹果手机

iPhone 6

无双，有此一双。

3. 文案的目标

如果希望通过文案筛选出潜在消费者，那么就没有必要提供完整的细节，这个时候吸引他们的注意力更加重要。

Jeep汽车

汗血宝马上的优雅，
不如满天繁星下的情话。

#只爱Jeep#

点 评

当消费者看到这样一幅海报时，会很容易因比较而产生兴趣。在消费者做出回应以后，文案人员就有机会进一步提供更多的信息，利用长文案来详细介绍这款汽车，让消费者充分了解商品。

4. 情感参与度

情感因素是指某个商品中所蕴含的情感程度，参与度则是指消费者在购买商品时需要投入的时间、努力以及思考。商品如果跟情感产生联系，很多时候就可能直接促成消费行为。要求消费者达到一定的情感参与度，就需要有较多的文案内容；反之，文案内容太短，则不利于消费者有较高的情感参与度。

麦当劳

点 评

这是一篇关于麦当劳薯条的文案，从处暑节气介绍到大薯，对于消费者来说，离开阳光灿烂的夏天，进入果实丰硕的秋天，可能产生各种情绪。这时，来一包大薯，即可送夏迎秋，提升消费者的情感参与度。

3.3.2 最简单也是最复杂：精简结构

统计数据表明，在互联网环境下，消费者对一篇文案关注的平均时间不超过2秒。因此，对于电商文案而言，在复杂的环境、有限的篇幅以及低效的浏览方式下，要想尽快吸引消费者的注意，最关键的是要简洁精练地传递文案信息。

传统平面广告的文案结构包括标题、副标题、正文和口号4个部分，但在电商文案中，由于尺寸的限制和为了更好展现的需要，文案通常只包含标题和描述两个部分（甚至多数文案只有标题或只有描述），其余信息如品牌名称、联系方式、引导语等均作为辅助文案出现。当一则电商文案中传递的主题超过3条时，无论对于设计上更好地凸显关键信息，还是对于让消费者迅速注意和更好地记忆文案，都会造成更多的困难。

从重要性来看，标题和描述是文案中应予以突出的关键信息，尤其是标题，承担着吸引消费者注意力的重任；描述则负责详细介绍商品和服务信息，在消费者被标题吸引后，及时给予具体的信息支持，使文案真正打动消费者。而品牌名称、联系方式、引导语等均属于二级信息，消费者不会首先对这些信息产生兴趣，只有当其被标题或描述吸引时，才会进一步了解品牌名称和联系方式等。因此，在文案撰写过程中，这些二级信息一定不能喧宾夺主，当其由于篇幅限制或其他原因与主文案内容发生冲突时，应该让位于主文案。

点评

　　这是一款车载儿童座椅的文案，整个文案只有标题和描述两个部分，标题是"双11来了"，其余的都是描述。文案先通过标题吸引消费者，然后通过描述着重介绍了商品、品牌和折扣。文案结构简单，非常符合目前流行的电商文案模式。

3.3.3　用最简单的语言写出最打动人心的文案

　　创作出优秀的文案不仅仅需要创意、情感、市场调查，还需要有深厚的文字功底。但这不代表创作文案需要像写作一样，用华丽的辞藻和精美的修饰来展示商品，因为消费者通常不会认可文案中那些华而不实的文字小技巧。所以，作为电商文案的创作者，应该沉下心来，多学习积累，多感受体会，多深入市场，多研究消费者心理，用最简单平常的语言写出最打动人心的文案，这才能给消费者以触动，从而促成消费行为。

甲壳虫汽车

　　很多人不知道，作为德国大众公司商品的甲壳虫汽车，它在美国刚面市的时候并不被接受，进入美国市场的整整十年间，一直销售不佳。

　　随后，美国DDB公司接手了甲壳虫汽车业务。广告大师威廉·伯恩巴克带领团队走出办公室，走进市场，深入发掘消费者在购买汽车时最关心的问题是什么，同时透彻了解商品的价值，罗列出这种车子的一切优缺点，进而在广告文案里一一应答，并给出了著名的经典文案"Think small"（想想小的好处），文案内容简单，但却令人拍案叫绝。

　　你认为它太小了，想想小的好处吧！你嫌弃它的长相，其实这样更耐看！

　　一番努力的结果，是商品大卖。这则文案同时对现代广告文案产生了深远影响。

　　文案的结尾是这样写的：当你能在那狭小的停车点泊车时，当你去更换那小面值的保险卡时，当你去支付那小数额的维修费时，当你开着这金龟车去以旧换新时，你才想起小的好处！

3.3.4 越简约越不简单

无论对于专业的文案创作者来说，还是对于普通的消费者而言，一个好的文案并不需要华丽的语言，很多经典的文案其实都很简单，画面清爽干净，内容简约精彩。对于文案创作者来说，往往越是简约的文案越是不简单，简约的文案要想出众，必然是经过大量的资料研读、反复的策略思考，直至出现最佳的创意表达。文案在这个时候不再是策略表达或是辅助设计，而成为广告或宣传中的点睛之笔。用普通的语言将文案变得不普通，这才是文案所追求的极致效果。在简约的设计元素中表达关键信息，一语中的，创作出既能吸引消费者又能产生一定销量的文案，这就是电商文案的核心价值。

1. 优惠打折

优惠打折是最常用的促销方式，什么样的优化才能吸引消费者的注意呢？最简单的方法就是把折扣或优惠直接表现出来。如下面这则文案，直接用数字5表示折扣，半价购买一目了然。

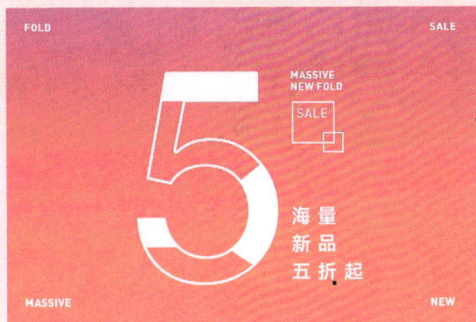

打折文案

2. 简单改动，效果大不同

2016年5月底，方太连续3天匿名在《京华时报》刊登"史上最难"猜字悬念广告，引起了网友的热烈讨论。3个文案分别对应了3个不同的生僻字，吸引了广大消费者的注意。

方太广告

后来方太公布了答案，3个生僻字分别对应了3种最新的商品：水槽洗碗机、智能油烟机和蒸微一体机。为了更好地理解这3个字，方太在网络中播放了一段动态海报进行说明，比如代表智能油烟机的字是由"烟"字和一个方框构成的，意思是禁止一切油烟往外跑，四面八方不跑烟。简单改变了一个字，却形象地说明了商品的性能，让文案变得不简单。

3. 言简意无穷

最近几年，有着400多年历史的白酒老品牌泸州老窖一直在广告上尝新，打破了年轻圈层对其固有的印象，例如与《时尚先生》合作，和滴滴的跨界合作等，都在试图把自己的品牌形象提到一个更高阶、更聚焦、更有活力的消费层去。2016年父亲节期间，"泸州老窖·特曲"推出了一则非常简单的宣传文案。

泸州老窖

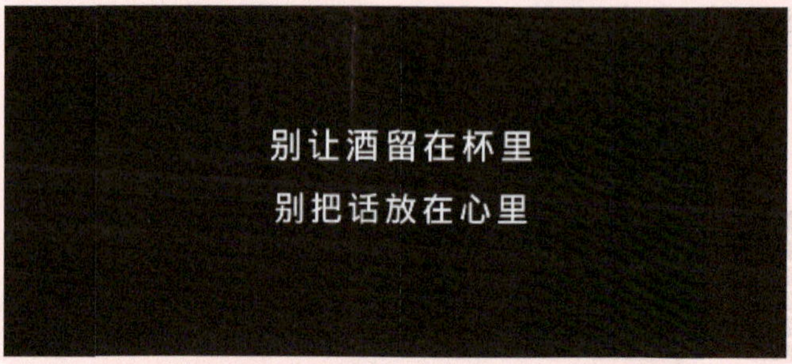

别让酒留在杯里
别把话放在心里

这则文案看上去简单明了、平淡如水，细品下去又让人觉得余味悠长。在每年的各种节日中，相对于情人节、圣诞节等节日的全民娱乐，父亲节总是显得格外冷清。这则文案让"酒"变成了一种和父亲进行情感交流的媒介，又让想说的"话"融入这杯酒里。有位导演说过："电影是以余味定输赢。"其实，有时候文案也是如此。

4. 简单对比产生复杂结果

2016年电视上有一个主题为《门》的公益广告，其切入点就是亲情，提炼出了我们身边时刻都存在却又不容易让人察觉的象征物来讲述我们民族的文化传承。

公益广告

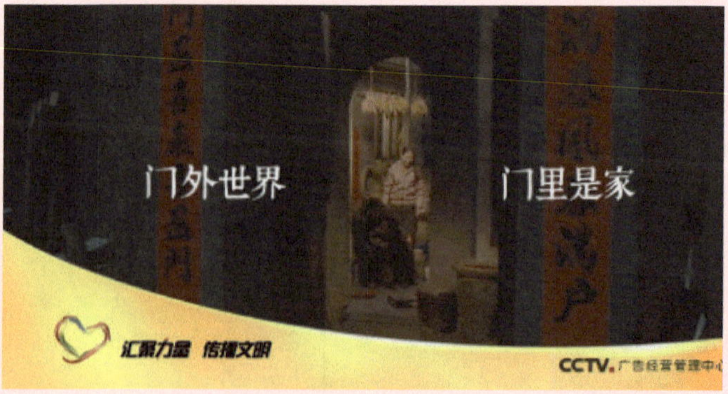

门外世界　　门里是家

汇聚力量 传播文明　　CCTV广告经营管理中心

前后对比是文案中常用的一种方式，"门外世界，门里是家"这8个字，有一种框景构图式的况味，尤其是对那些离家的人来说，心中更是会感慨良多——进门，尊亲；串门，睦邻；入门，传承；过门，连理；认门，望乡；一门，一家；门外世界，门里是家。内容简单，但饱含了家的浓浓深情。

3.3.5 把故事写成段子：保留最重要的

"段子"本是一个相声术语，指的是相声作品中一节或一段艺术内容。而随着人们对"段子"一词的频繁使用，其内涵也慢慢发生了变化，现在的"段子"除了原来的意思，还是各种短文的俗称。段子是浓缩的故事。将故事中最重要的内容保留下来，然后进行加工，就得到一个段子。段子更简单，但承担的内容却是一个故事，所以更不容易写好。

◆ 钱皇蚕丝被 ◆

可能很多人对钱皇蚕丝被并不一定熟知，但它的一组海报文案却给消费者留下了深刻的印象。它用3个场景桥接起了从一个女孩到一个女人的角色蜕变，也串联起了她在情场、家庭、职场的多重经历。

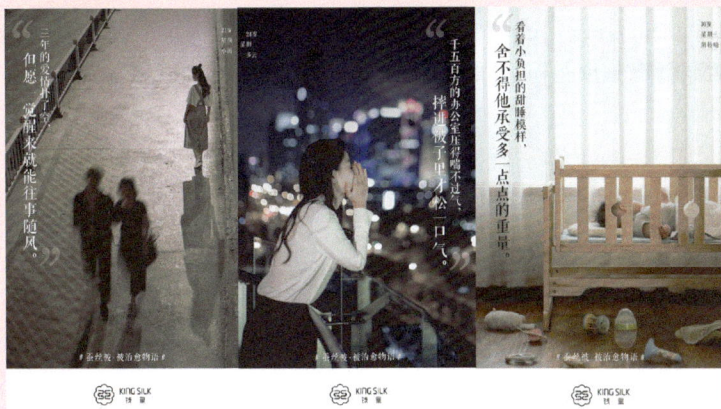

点 评

30岁左右的女性作为寝具的主要消费群体，承担着家庭与事业的双重压力，往往情绪波动较大，更需要良好的睡眠来保持健康的身心。因此，钱皇将目标锁定在了30岁左右的女性身上，通过回顾她们在人生不同阶段的睡眠与成长，唤醒她们关于被子的温暖记忆。3个段子文案读起来很像私人日记的记载，里面有3段故事，也有3段心事。

3.3.6 浓缩的都是精华：多用短句

用短句子写出的文案，简单清晰，极具感染力。用更加口语化的短句子形式表达文案的意图，更方便消费者记忆和传诵。

┌─ **某房地产文案** ─┐

别让这座城市留下你的青春，

却没留下你的人！

点评

　　这是一则房地产文案，文案很简单，短短两句短语，道出了背井离乡打拼的人的心酸。在青春正盛的时候，来到一座城市，在这里，留下欢笑，流下汗水，有快乐有痛苦，有期待也有迷茫。在这里，义无反顾地肆意挥洒青春，在这座城市里，我们需要用事实证明曾经的奋斗和坚持，以及青春的价值。我们更需要在这座城里生根发芽，有自己的房子，有自己的家庭，犒赏自己和家人，积蓄未来继续拼搏的能量。简简单单的一句话，浓缩了多个层次的场景和深义，这就是短句的力量。

3.4　增加文案的视觉冲击力

　　文案中的视觉冲击力就是通过对文案内容、文字、色彩、图片等的个性化设计，给人留下深刻而持久的印象并增强文案宣传作用的过程。一般而言，强烈的视觉冲击力能够有效地增强文案的推广效果。

　　◆ **激发消费者继续看下去的欲望**。通常消费者都具有一定程度的猎奇欲望，在一大堆同类型的文案中，能吸引眼球的文案更容易引导消费者去仔细阅读。要做到吸引消费者，文案必须具有视觉上的冲击力，也正是因为这种视觉冲击力的存在，才促使消费者阅读整个文案。所以在文案创作的过程中，必须考虑视觉冲击效果的设计和展现。

┌─ **某旅游网站商品文案** ─┐

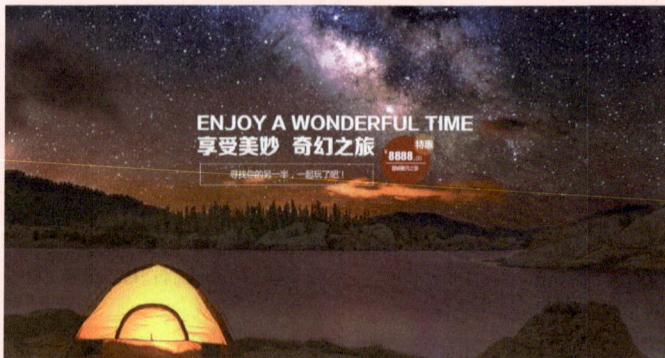

ENJOY A WONDERFUL TIME
享受美妙 奇幻之旅 特惠 8888元起

　　◆ **提升整个文案的水准**。一个完整的文案中通常涉及多个元素的具体设计与完善，包括文字、排版、颜色和图片等。为了文案的最终效果，就必须考虑各个元素的设计是否合理，是否能够达到更好的效果，是否每个元素的设计都具有视觉上的冲击力和吸引力。在具体的文案创作中，有时可能无法兼顾各个因素，但消费者在观察和选择一个事物的时候，总是会受第一印象和晕轮效应的影响。如果文案的某一部分或者某一元素的设计深深吸引了消费者的眼球，通常也能提升他们对文案的好感度和满意度。换句话说，文案作品中不需要每个元素都完美、都具有视觉冲击力，但只要某一关键部分或某一重要元素具有视觉冲击力，那么整个文案依然具有很强的冲击力。

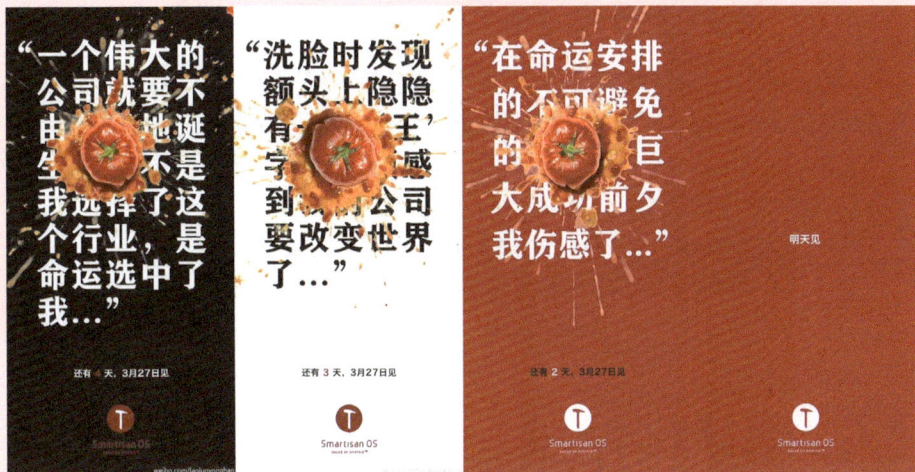

锤子手机文案

3.4.1 美化文字的格式

在撰写电商文案时，表达主题的载体主要是文字。为了提高文案整体的美观性，可以通过设置字体格式、文字方向、标点符号和创意文字对文案文字进行美化。

1. 设置字体格式

美观的文字可以在文案中起到一定的强调作用，所以可以根据文案需要设置文本的字体格式，包括设置文本的字体、字号、颜色及特殊效果等。

◆ **字体**。字体是文字的基本格式，常见的字体有中文字体、英文字体和数字字体3种，另外还可以有多种字体的组合。

◆ **字体颜色**。设置字体颜色可以使文案具有更强的视觉效果，增加文案的可读性，使枯燥无味的文字更加醒目活泼。制作文案时，文字颜色的设置主要有5种方式：冷色调比较沉稳，暖色调更加醒目，灰色起到降噪作用，渐变色可以丰富文字的层次，黑白配色则是常用的万能搭配。

◆ **字号大小**。将文字设置为不同的大小，能够使文案内容的层次更清晰，可以让突出显示的文字更富有表现力。

Jeep汽车

- **特殊效果**。特殊效果包括加粗、倾斜、下划线、删除线和阴影等，它们可以使文本更具特色。需要注意的是，特殊效果不能滥用，与其使用大量的特殊效果美化文字，不如用简单的方法强调文字，保证重点突出，这样的设计效果会更好。所以，制作文案时不要使用太多的修饰手段，文字内容表达的观点才是核心焦点。
- **段落格式**。设置段落格式可以体现文字的层次，使之更加美观合理，其中包括设置文本的对齐方式、行距、缩进方式及段落间距等。
- **项目符号和编号**。项目符号与编号可以对重点内容进行分列显示，引起观众的注意，并明确文本的逻辑关系。

2. 设置文字方向

文字的方向除了横向、竖向、斜向外，还可以通过更多的变化来设置文字的方向，这不但可以打破定式思维，增加文案的美感，还可以强调文案的特色，吸引消费者的注意。

- **竖向**。中文文字竖向排列与传统习惯相符，竖向排列的文字通常显得有文化感，如果加上竖式线条修饰更有助于消费者的阅读。
- **斜向**。中英文文字都能斜向排列，它可以给消费者强烈的视觉冲击。设置斜向文字时，内容不宜过多，且配图和背景图片最好都与文字一起倾斜，让消费者顺着图片把注意力集中到斜向的文字上。

某服装文案

- **十字交叉**。十字交叉排列的文字在海报或微信文案中比较常见，十字交叉处是抓住眼球焦点的位置，通常该处的文字应该是文案的重点。
- **错位**。文字错位也是美化文字格式的常用技巧，在海报或微信文案设计中使用较多。错位的文

字往往能结合文本字号、颜色和字体类型的变化，传达很多专业性很强的效果。如果需要表现的内容有很多关键词，就可以使用错位美化，偶尔为关键词添加一个边框，可能会产生意想不到的效果。

3. 设置标点符号

标点符号通常是对文本的修饰，属于从属的角色，但通过一些简单的设置，也可以让标点符号成为强化文本的工具。设置标点符号通常有以下两种方式。

◆ **放大**。将标点放大到影响视觉效果时，就可以起到强调作用，吸引观众的注意。名人名言或重要文本内容都适合使用这种方法。通常放大的标点适合"方正大黑体"或者"汉真广标"字体。

◆ **添加标点符号或加入文本**。有时为了强调标题或段落起止，可以添加"【 】"或"『 』"这样的标点，甚至可在放大的符号中直接加入文本。

某品牌宣传文案

4. 创意文字

创意文字就是根据文字的特点，将文字图形化，为文字增加更多的想象空间，比如美化文字的笔画、使用形状包围文字、采用图案挡住文字笔画等，有些设计会比较复杂，甚至需要使用Photoshop这样的专业图形图像处理软件进行制作。

父亲节促销文案

3.4.2 为文案制作一张触及买家心灵的图片

图片作为电商文案中不可缺少的元素，它的作用不仅仅是为了好看，或者带给消费者视觉冲击，更重要的是好的图片能够直接表达大量文字所描述的内容，节约了文案的空间，也节约了消费者理解文案的时间。

1. 常用的图片格式

现在常用的图片格式有很多种，不同类型的图片有不同的特点和效果，但由于互联网的特点，在电商文案中常用的图片格式通常为JPEG和GIF两种。其中JPEG图片是一种位图格式的图片，由于其高保真的压缩性，被广泛应用于网络传播，其特点是图片文件小、节省磁盘空间，但在放大时，图片清晰度会下降。文案中常用的背景和素材图片一般都是JPEG格式，使用JPEG图片时需要注意以下几点。

◆ **清晰度：**图片的分辨率越高越好，防止放大时出现模糊或马赛克的现象。

点 评

该图片的分辨率达到了1280×800，放大该图片时，水果的果肉和纹理都清晰可见。使用这种图片制作商品文案时，文案图片会非常精美。

◆ **层次：**图片要有光感，只有光线明亮，图片才能显示出层次感。

点 评

该图片中有明亮的光和明显的阴影，显示出非常丰富的层次，非常适合在商务类型的文案中使用。

◆**创意：** 对于文案图片来说，精美是最重要的特质，但创意则是在精美基础上的更高层次。精美的图片能够冲击消费者的视觉，而优秀的创意图片则能打动消费者的内心。

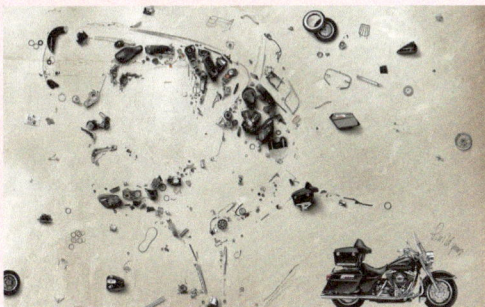

点 评

这是一张摩托车的文案图片，通过使用一辆摩托车的部件，拼接成了一个年轻人青春飞扬的形象，非常生动地体现了该摩托车的商品定位，让人过目不忘。

专家点拨

GIF图片是一种基于无损压缩模式的图片，压缩比高，占用空间少。在一个GIF文件中可以保存多幅彩色图像，并可将存于一个文件中的多幅图像数据逐幅读出并显示到屏幕上，从而构成动画，通常也把GIF图片称为GIF动画。GIF图片在文案中要谨慎使用，因为该格式的图片色彩不够丰富，最多支持256种颜色，与文案内容不容易融合。如果将图片透明化，则在边缘有锯齿，会降低整个文案的清晰度。GIF图片采用的是循环动作，不能控制节奏和速度，容易冲淡主题，喧宾夺主。

2. 选择高质量的图片

对于电商文案而言，怎么从海量的图片中选择合适的图片应用到文案中，是一个非常重要的问题。一般来说，最好选择高质量、有品位的图片。选图时需要注意以下几个方面。

◆**与文案主题有紧密的联系**。制作文案时应根据主题来选择图片，即图片应为文案内容服务，起到补充的作用；或者图片是文案内容的再现，使观众可以从图中了解到文案中难以理解的内容。

◆**尽量真实**。尽量使用与主题相关的真实图片，越是真实的图片，越具有强大的说服力。越是和工作业务相关的场景，越要使用真实的图片来展示。

◆**有丰富的内涵**。有内涵的图片有时候能够向消费者传递更丰富的信息，无论其对于图片的理解是否准确，只要结合文字，消费者都能够"进入"文案设计者预设的场景中。

点 评

　　这是一张城市鸟瞰的图片，该图片不仅有强烈的视觉冲击力，更传达出了与房地产、创新、宏大等主题有强烈关联的信息，十分适合作为这些类型的商品或品牌文案的配图。

点 评

　　这是一张某公司办公室的图片，在办公用品的商品详情页中使用这张图片，能够带给消费者十分真实的感受。

点 评

　　这是一张创意图片，该图片主要传递了团结、团队合作的观念，非常明确和直接。

◆**使用干净的图片**。干净是指图片的背景色或背景内容不能太多，不能太杂乱，不会与文字产生冲突。下图就是一张背景简单的图片，有足够的留白空间用于设计文案内容。

3. 注意事项

一个优秀的文案并不是以美观为唯一衡量标准的，还要看它是否适合文案的宣传对象，也就是它是否能够刺激销售，所以在文案中使用图片所需要达到的最理想效果就是将图片与文案完美结合。只有这样才能不使营销推广目的发生偏移，不使文案内容"跑题"，发挥寸"字"寸金的文案效果。在使用文案图片时需要注意以下事项。

◆图片必须有鲜明的主体。

◆图片宜产生悬念，以吸引消费者观看。

◆功能性商品的图片，使用前后对比极有说服力。

◆实拍照片的吸引力更大。

◆使用明星名人的照片能加强宣传效果。

◆图片中只需重点突出一个卖点，不宜过于繁复。

◆人物脸部不宜与实际尺寸有太大的差异。

◆尽量少用历史照片。

◆以目标消费对象的心态来考虑图片主体。

◆以"婴儿""小动物""成人"为主体的图片更具影响力。

百度招聘

◆男性商品使用性感女郎图片可能会使男性用户忽略主体，进而忽视推广的商品。

◆彩色图片的吸引力比黑白图片高。

◆食品类文案，最好采用包含有令人垂涎欲滴的食品的照片，这样更容易获得成功。

某腌菜文案图片

3.4.3 精心设计：版式要"丰满"

文案的创作并不只有文字内容一项，还包括背景、图片和版式等，特别是如果要创作出具有视觉冲击力的文案，就需要做一个"丰满"的版式设计。通常，人们都会认为将版面装满就是"丰满"的设计，其实这是一种错误的理解。一个文案在美观的基础上，不仅要做到有内容，要有自己的目标人群，要有自己的商品特点，还要方便目标用户阅读。一个好的文案排版不会孤立其中的任何一个文案元素，只有各元素之间相互关联、互相作用，才能形成视觉冲击，才能达到推广商品和品牌的目的。

1. 空间

所谓空间，就是指合理布局文案的各种元素，并突出重点。通俗地说，就是在对的位置设计对的文案。文案在空间上的布局，主要有以下3种。

◆**中心分布：**以文字为主要内容，或与图片相关联，画面稳定。

某品牌无痕暖衣

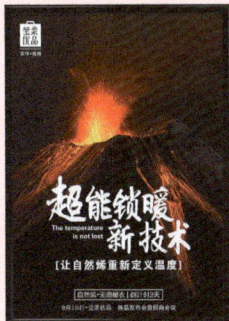

◆ **左右/上下分布：** 大部分商品详情页常用的分布形式，容易平衡版式，文案内容的对比很明显。

舒适达牙膏文案图片

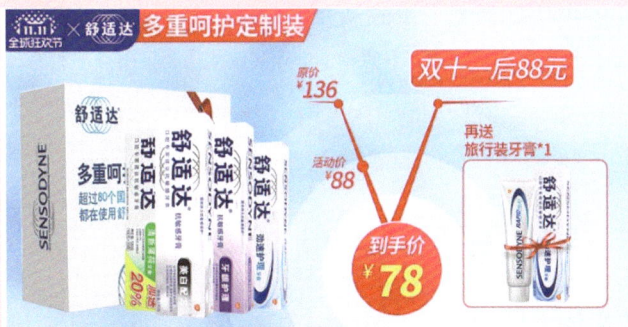

◆ **对角线分布：** 与以上两种布局相比更具视觉冲击力，不呆板，一般来说文案为辅助说明，以展示商品细节为主。

某灯具文案

2. 对比

对比是指在确定文案的空间后，让文案本身的字体产生差异，形成对比。有对比，视觉效果会更好。

◆ **大小对比：** 最明显、最常用，也最容易产生效果，几乎大部分文字排版都使用这种方法来突出主次，类似于前面介绍过的字号大小的变化。

◆ **粗细对比：** 粗细、深浅对比，错落有致，可以影响读者的视觉重心，类似于前面介绍过的字体的特殊效果的变化。

◆ **字形对比：** 相比以上两种对比，字形对比更加自由多样，最普通的字形对比为衬线体与非衬线体的对比。在进行字形对比时还可以进行字体设计，加入图形元素等，类似于前面介绍过的字体的变化和创意文字。

3. 修饰

修饰在文案版式中并不是必要元素，可以根据画面的需要适当添加。通过各种加法、减法、乘法等方法进行修饰，可以为单调的文字加上一些细腻的细节。

（1）加法

修饰文案的加法是指在基础文案上添加元素，加强重点，平衡版式。

◆ **加面：** 以面状出现在文案字体中，一般用于重点文案或需要吸引点击的内容。

某电商情人节文案

◆ **加线：** 用于修饰文字、引导文字、整理文字、平衡画面等。

◆ **加点：** 可以跟主体搭配，充盈画面。

（2）减法

修饰文案的减法是指在文案的表现形式中做出裁剪、隐藏或镂空。

◆ **边缘裁剪：** 扩大空间感。在一些文案中，有时会故意放大字体到版面的边缘。

◆ **镂空：** 除了可以强调重点文案或主体外，还可以在镂空部分叠加肌理、材质效果。

◆ **口袋式隐藏：** 隐藏非重点部分，在修饰文字的同时还能引发想象。

耐克

（3）乘法

修饰文案的乘法是指通过交集产生特殊效果。

◆ **与主体/背景交错：** 交错式，更有前后空间感，与图片的主题内容有更多交互。

某服装文案

◆ **字叠加/错落：** 突破呆板的横竖直排方法，更具空间感和个性化。

◆ **合二为一：** 技术上的要求比较高，主体和文案相融，表达更为直接。

天猫全球狂欢节

第4章

从标题到正文的文案写作技巧

在淘宝与天猫的线上商圈中，文案写作已经成为最重要的消费刺激手段，一篇好的文案不仅能带来流量，还能带来真正的销量。电商文案主要由标题和正文两个部分组成，好的标题是吸引消费者注意力的首要因素，而精彩的正文则是引导和刺激消费者了解品牌或购买商品的关键因素，只有将两者完美地结合在一起，才能达到文案所追求的营销目的。

4.1　电商文案标题的写作技巧

文案的类型有很多种，但无论是哪一种形式，文案给予消费者的第一印象可能就是决定该商品成功或失败的关键。这个第一印象包括消费者看到的第一个影像，读到的第一句话，或听到的第一个声音。假如第一印象十分无趣或跟消费者没有相关性，那么，这则文案就不可能吸引消费者。但如果这则文案提供了新的、有用的信息或承诺，看完后会给消费者带来好处，那么这个第一印象就有望赢得注意力——这是说服消费者购买商品的第一步。

人们对于不同文案的"第一印象"侧重点各不相同，具体包括以下一些内容。

◆**平面广告：**第一印象取决于标题和视觉设计。

◆**微信公众号：**第一印象取决于标题、首图缩略图以及摘要。

◆**宣传手册：**第一印象取决于封面和标题。

◆**电台或电视广告：**第一印象取决于播出的前几秒钟。

◆**商品目录：**第一印象取决于封面。

◆**商品说明会：**第一印象取决于前几页的幻灯片或活动挂图。

◆**公司网站：**第一印象取决于首页设计。

◆**电子邮件：**第一印象取决于寄件人和标题。

4.1.1　明确消费者想要的结果

消费者在购买电商的商品之前，其最大的期许和疑问是三个字——结果呢？也就是消费者想要知道这个商品能带给他什么样的结果，因此电商只有通过文案，特别是文案的标题，把消费者所期许的结果提前告诉他，才能真正打开购买的第一道阀门。明确消费者想要的结果也可以这样理解：成交的不是商品，而是消费者要买的结果，只要电商销售的是消费者想要的结果，就能吸引消费者的关注。

例如销售美白面膜，消费者买这种面膜的目的是为了让自己的面部皮肤变得更白，"美白"就是消费者想要的结果，美白面膜只是帮助消费者实现这个结果的桥梁。

同样地，消费者不是在买口香糖，而是为了获得"健康清新的口气"这个结果，但这个结果需要通过购买口香糖来实现。消费者不是在买单反相机，而是为了"清晰的画面，美好的景象，快乐的时光和对回忆的珍藏"这个结果，但他们需要单反相机来实现这个结果。

一款商品，如果消费者没有意愿进行购买，首要原因可能是因为该商品的商家只是站在自己的角度介绍商品，而没有告诉消费者使用该商品之后能给他们带来什么结果。因此，商品如果要实现销售，必须先站在消费者的角度思考，了解消费者最想要的结果是什么，然后再明确地告诉消费者，该商品能帮助他实现这个结果。

对于电商文案来说，最有效的标题写作方式就是直接向消费者承诺购买商品的利益，或者直接说明某商品或服务的好处，介绍如何解决某种问题等。

防脱丝的丝袜

您见过可以装菠萝的丝袜吗？
防勾丝/防脱丝水晶袜
就是这么任性！

而且不勾丝 不破散
这么多刺的菠萝都能够装进去

点 评

这则文案直接在标题上明确告诉消费者想要的结果，丝袜防勾丝、防脱丝，连菠萝都可以装。如果消费者需要这种丝袜，就会直接购买。

专家点拨

结果型标题可以参考一个公式进行写作：怎么做+可以得到什么好处，例如"鲜为人知的秘密祛痘武器×××，三天祛痘不留痕""如何通过×××获得最新鲜的水果"等。在标题中明确给出消费者实际的好处，更易吸引消费者的注意。

4.1.2 标题要有"卖点"

对于电商来说，标题是搜索的关键，如果标题设置不当，消费者就不易找到该商品。而卖点就相当于亮点，也就是商品的特色，能够使人产生深刻的第一印象，这也就是为什么要重点强调标题"卖点"的原因。

很多商品通常都是靠一个核心卖点成为热销品的，甚至一个卖点足以成就一个品牌。所以，在电商商品文案中能否寻找到恰当的卖点，是商品能否畅销、建立品牌的重要因素。而作为消费者最先接触的标题，如果其中加入卖点就会产生更好的效果。

典型标题中有卖点的商品

老板抽油烟机的商品标题中通常有"**大吸力**"这个核心卖点。

沃尔沃汽车和公牛插座的商品标题中通常有"**商品安全**"这个核心卖点。

纯甄酸牛奶和柚子舍护肤品的商品标题中通常有"**无添加**"这个核心卖点。

海飞丝洗发水的商品标题中通常有"**去屑**"这个核心卖点。

一般的洗发水的商品标题中通常有"**无硅油**"这个核心卖点。

OPPO手机的商品标题中通常有"闪充"这个核心卖点。

立白洗衣液的商品标题中通常有"不伤手"这个核心卖点。

专家点拨

撰写卖点型的标题，原则上要简洁，重点和卖点要突出，写作公式为"品牌名称+商品名称+商品的核心卖点"。另外需要注意的是，品牌名称和商品名称最好都出现在标题中。据统计，有80%的消费者只看标题不看内容，如果没有品牌和商品名称，消费者即便认真看完了标题，也不会对品牌和商品留下印象。

4.1.3 打开消费者的"好奇心缺口"

标题是最能使人感到好奇的部分，由于标题通常比较简短，很多时候不能完全描述事情或事物。而人们一旦对事情或事物产生好奇心，就想知道答案，这样消费者就会产生后续的了解行为。

这类标题被称为悬念式标题，它是指在标题中设置一个悬念，诱发消费者追根究底的心理，从而使其跟着文案设计者的思路走下去。这是利用了人的好奇心理来引发消费者的兴趣。当然，对于电商来说，这种类型的标题不大会出现在商品销售网页中，而通常会出现在商品或品牌推广的文案中。这类标题在写作时要注意以下几点技巧。

◆**悬念的设置：** 要将事实与悬念的线索融会贯通，即标题要明确，并能展现事件的主体。

◆**标题内容要新：** 悬念式标题一定要是新近发生的、能让人感到既熟悉又新鲜的事件标题。

◆**标题要简明：** 悬念的设置要含蓄、简明而单一，不要使用太暴露的话语来提示消费者，也不能隐藏得太深，故弄玄虚。

如果电商文案使用这种令人充满好奇的标题，文案的点击率就会显著提高。当点击率增加时，通常情况下商品的销售额也会随之增长。据网上的一个统计，在标题中使用"惊人"这个词的文章，比使用类似标题但没有这个词的文章的阅读量和转发量更多。当然，利用好奇心撰写标题并非在所有情况下都有效，需要根据实际情况进行选择。

飞利浦

这是一张飞利浦商品的宣传海报，其标题就是"看世界"，文案内容是让大家去看看世界，但为什么要看世界？怎么看世界？和飞利浦又有什么关系？到底要宣传什么商品？都不明确。这就引起了消费者的好奇心，继而引导他们继续查看相关内容。

专家点拨

没人知道具体有哪些人会阅读这则文案，有可能是竞争对手，也有可能是同行，但这些人都可能成为消费者。利用好奇心撰写悬念类标题，就可以吸引这些人的注意，这样一来，销售之门也就打开了。

4.1.4 出人意料，令人惊讶

如何才能吸引消费者关注文案宣传的商品？如何在叙述过程中维持对方的兴趣？这要求文案必须打破人们的期待，违反直觉，出人意料，令人惊讶。一旦在标题上实现了这一点，就会为商品带来极大的关注量。例如，一袋爆米花对身体的危害程度相当于摄入一整天的油腻食物量，则文案可以出奇制胜，利用人们的惊讶来提升警觉性和关注度。不过，单靠惊讶并不能持久，要让想法延续下去，必须激发消费者的兴趣和好奇，例如"×××爆米花是一种不含油脂的健康爆米花"。

在文案标题中制造惊讶有以下几种方法。

◆ **进行逆向思维：**例如，"情人节到了，给×××项链买一个老婆吧"。

◆ **故意制造迷雾：**例如，"24小时后，本商品停止销售"。

◆ **反用俗语，打破人们的惯常思维和心理预期：**例如，"×××皮鞋，舒服得让你天天向下"。

耐克——要做就做出头鸟

这则文案巧妙地利用"枪打出头鸟"这句俗语，与网球明星李娜的职业生涯相融合，其实是赞美李娜不怕做"出头鸟"的精神。这种精神正好与耐克体育的"Just Do It"的品牌内涵一致，在吸引消费者的同时，还能引发大家的共鸣。

4.1.5 学会嫁接符号

符号通常是一个社会全体成员共同约定的用来表示某种意义的记号或标记，来源于规定或约定俗成的事物，其形式简单，种类繁多，用途广泛，具有很强的艺术魅力。而符号对于文案来说，却有其他的功能，文案中的符号通常是一种吸引消费者注意、促进商品销量的事物，包括地理名词、名人、数字、日常事物等。在文案标题中融入这些特殊符号，不仅能够获得消费者的好感，而且更易于人们记忆。

使用符号的文案标题的常用公式为：事情/商品+符号。

通常在事情/商品和符号之间有足够消费者想象的空间，这样才能出人意料，达到标题宣传的目的，例如以下两个标题。

◆飓风国际花园，三环路十陵立交东一公里。

◆飓风国际花园，十陵青龙湖湿地公园西一公里。

两个标题都是同一个楼盘的宣传海报标题，不同之处是地标符号，前一个标题利用环路和立交桥作为符号，突出显示交通便利；后一个标题利用湿地公园作为符号，突出显示家居环境的优势。两种方式都选取了具有标志性的符号，都能够很好地进行传播。

瓷肌——眼霜

点 评

这是一款眼霜的电商宣传海报，其标题就是"抹去熊猫眼"，利用的符号就是"熊猫眼"。熊猫眼通常是指黑眼圈，多由经常熬夜、情绪不稳定、眼部疲劳、衰老等因素造成。标题中利用这个大众皆知的名词符号，吸引了消费者的注意，而且标题对商品也有清晰的说明。

4.1.6 提问——和消费者对话

提问式标题以提问为主，即通过提出问题来引起消费者的注意，进而提高关注度，并引导消费者在浏览过程中产生思考和共鸣，达到消费的目的。提问式标题可以是反问、设问，也可以是疑问，甚至有时可以用明知故问的方式来表述文案的主题。

对于这种标题，提问才是问题的关键。这种标题往往具有很强的沟通效果，因为是直接对消费者提出了问题，相当于直接和消费者对话；而人们通常在面对提问时会不自觉地启动思考。当然，提问也要讲究方法，提问式标题的打造不是为了问而问，而是必须有问才问，否则就变成了形式主义，变成了画蛇添足，反而起不到应有的作用。一个好的提问式标题应具备以下3个特点。

◆主题明确，观点突出，思想性强。

◆简洁明了，直入主题，击中问题的要害。

◆能给消费者带来思考，引起消费者共鸣。

典型提问式标题

当一个员工生病，你的公司要多久才能复原？（PILOT人寿保险）

即便独自在家，你是否有关好浴室门的习惯？（"今日心理"的客户直销信）

你做PPT时有如下苦恼吗？（"和秋叶一起学PPT"网络课程）

专家点拨

提问式标题有悬念，比陈述句更吸引人，但提问式标题也不是无所不能的。尽管我们在潜意识中认为提问式标题能激发消的费者的求知欲，但事实上这也增加了不确定性和模糊性，因而在实际使用过程中需要根据具体商品或营销的内容选择使用。

4.1.7 常见的文案标题写法

无论文案内文有多优秀，或者其介绍的商品有多杰出，如果文案标题无法吸引消费者的注意力，推广就无法成功。能够吸引注意力的标题才是电商营销成功的关键要素。

● **在标题里提出疑问**

×××驱蚊液的效果能持续多久？

● **结合时事**

先挣它一个亿，跟王健林学定人生目标不完全指南。

● **创造新名词**

分子美容新商品，×××美白面膜。

● **传递新消息，并且运用"新推出""引进"或"宣布"这类词汇**

各大传统化妆品巨头宣布进军微商圈！×××推出微商子品牌

● **给消费者建议，告诉消费者应该采取哪些行动**

收藏并转发到朋友圈，你会获得×××一个月的使用权。

● **利用数字与数据**

小魔盒创始人曾辉口述：我把一款专业线传统美容商品做到三千万元的秘密！

● **承诺会提供对消费者有用的信息**

如何避免在朋友圈购买商品时犯下大错。

● **强调你能提供的服务**

即日起，我们的新款袜子提供微信预购，就如同订杂志一样简单。

● **讲故事，描述一段过程**

我坐在电脑前时，他们还在群里讨论今晚的培训课程，然而当我开始回忆……

● **提出推荐性的意见**

夏天必须关注的彩妆品牌。

● **说明好处**

从困难变容易，×××电动吸尘器，轻松清理家庭垃圾。

● **做比较**

只需要支付雅诗兰黛一半的价格，就能够解决您的皮肤粗糙"干燥"暗黄等问题。

● **使用能够让消费者脑中浮现画面的词汇**

未洗净的果皮表面会给您的身体健康"投下剧毒"。

● **引述见证**

超过1万8千份体验礼盒试用反馈报告证明，我们的商品至今没有产生过敏刺激等不良反应！

● **直接点出服务内容**

O2O吸粉Wi-Fi路由神器，所有经销商都免费赠送。

● **勾起消费者的好奇心**

米兰达·可儿最喜欢的口红，不是你想的那一支！

● **承诺要公开秘密**

走近"传说中"月销10万件的"纯棉T恤"。

● **具体说明**

在时速60英里的驰骋下，劳斯莱斯的最大噪声来自电子钟。

● **锁定特定类型消费者**

哺乳期新手妈妈"必败"神器。

● **加入时间元素**

×××面膜，半小时也能做美容。

● **强调省钱、折扣或价值**

价值1666元的全新×××手机体验礼盒，现在只需0.1元就可以得到！

● **给消费者好消息**

在家里带孩子也能拥有创业的好机会！

● **提供能够取代竞争对手的商品及服务的其他选择**

没地方存货？没时间发货给自己的客户？没事，我们帮你从工厂直接代发！

● **提出一项挑战**

你的手机经得起热量测试吗？

● **强调有保证**

我们承诺:保证我们的商品1年不出任何问题，否则退费。

● **列明价格**

一整箱味道工坊牛肉干，只需要99元！

● **提出看似矛盾的说法**

×××食品，绝对不含防腐剂，但可以3个月不变质。

● **提供消费者无法在其他地方得到的独家好处**

鲜为人知的烹饪秘密武器，让您轻松制作舌尖上的美食。

● **提出消费者关心的事**

为什么大部分从网上买的衣服便宜但不耐穿？我们提供突破之道。

● **不妨采用"听起来难以置信……"的句型**

听起来难以置信，但我们刚上市的新商品，不久的未来可能改变整个行业的格局。

● **画大饼**

让您年轻20岁！

● **运用"为什么""原因""理由"来写标题**

制作公司在拍摄重要的电视广告时，偏好采用Unilus Strobe牌灯光设备的七大理由。

● **强调买就送**

免费送给您——现在订购，就送价值888元的免费好礼。

4.2　电商文案开头的写作技巧

电商文案的开头与标题一样具有相当重要的作用，它奠定了整个文案的基调，起到了"先声夺人"的效果。好的开头也叫"凤头"或"爆竹"，"凤头"是指文案的开头美丽、精彩，给人一种美的享受；"爆竹"是指文案震撼、深入人心。

4.2.1　开头第一句可能比标题更重要

很多电商文案的撰写者都被灌输了一个理念，就是要争取成为一个典型的"标题党"，所以这些文案撰写者将重心放在如何取一个引人注目的标题上，而忽略了文案内容的编辑和修饰。"标题党"并没有错，但只做"标题党"是不能完全达到营销目的的，因为标题只是促使消费者产生点击的兴趣，只有优秀的文案才能使消费者停留在商品页面，使其完整地看完商品信息，进而促成销售的转化。

当消费者进入商品页面之后，文案的开头就显得格外重要。如果开头能够引起消费者的注意，那这个文案就成功了一半。根据统计，即使文案写得不好，但如果消费者看了文案的开头，还是有

4%的人会坚持看完正文。所以，文案的第一句和标题同样重要，它决定了文字内容是否会被继续阅读，它值得像标题一样反复雕琢。所以要尽量打破常规，以商品为出发点进行陈述，从消费者的利益出发，唤起他的注意，引发他的好奇心。写好文案开头的第一句话，最重要的两个要素就是"引起好奇+引发共鸣"，如以下几个文案的开头。

> 我昨天还不知道为什么他要放弃年薪20万的公务员工作，陪老婆在淘宝卖衣服，直到昨天晚上的一席谈话！
>
> 经过数年的辛苦打拼，我有了自己的公司。昨天，妈妈又打电话关心我的身体健康，我发现，我还没长大，还是一个需要关心的小孩！
>
> 八年前，我开了一家网店，现在，我在全国有36家加盟店。我需要的不仅仅是钱！
>
> 想起大学时看的《大话西游》，想起里面的经典台词，我只想说："如果上天再给我一次机会，我会选择为×××品牌做代理，这样我就早成为千万富翁了！"
>
> 吃快餐、挤地铁、玩手机、找便宜的出租房，这就是我们这种上班族的日常生活，难道这就是我们的命吗？

点 评

以上这几个文案开头的共同点都是"引起好奇+引发共鸣"。对于文案创作者来说，通常你有能力理解多少人，就会吸引多少消费者。所以，要像写标题那样去写第一句话，或者写一个故事，这样才能引起消费者的好奇，引发共鸣，产生共情。

专家点拨

美国广告界的文案写作传奇人物——约瑟夫·休格曼对标题和文案开头的重要性做了以下的总结：文案标题的作用是让人阅读正文的第一句话，文案第一句话的作用是让人阅读第二句话。后面的以此类推。另外，他认为文案开头的关键技巧只有3句话：做到最吸引人；解决消费者的第一困惑；创造一种场景。

4.2.2 继续阐述标题的内容

有些文案的标题已经写得足够好，足够吸引消费者，这时，我们就可以根据标题，在文案的开头继续阐述标题的内容，为消费者答疑解惑，这是撰写电商文案开头的一种常用技巧。这种技巧通常可以使用以下两种方式进行。

1. 开门见山

所谓开门见山就是直截了当，直奔主题，毫不拖泥带水，直接说明某商品或服务的好处，介绍如何解决某种问题等。这种写作手法主要围绕商品本身的功能或特性来展开，同时还要结合消费者的情况，以引起消费者共鸣。

华为手机

直降790送电源64G卡蓝牙Huawei/华为 Mate 9全网通智能手机mate9

【华为Mate9正品现货当天发，优惠套餐五选一赠599元礼包】【每日晚上21点前付款的订单顺丰当天发】热销14800台，(注图具体礼品以套餐为准)

价格	¥ 2538.00-3727.00		6304	981
			累计评论	交易成功
淘宝价	¥2538.00	卖家促销		

优惠 `店铺`|`优惠券` 5元店铺优惠券，满599元可用 领劵

　　 `店铺`|`优惠券` 10元店铺优惠券，满999元可用 领劵

配送 广东深圳 至 四川成都 ▼ 快递 免运费 ▼

机身颜色 月光银 苍穹灰 香槟金 摩卡金 陶瓷白 黑色 玛瑙红

托帕蓝 移动全网通香槟金 月光银（纯净版） 苍穹灰（纯净版）

点评

　　这是华为Mate9手机的一个商品网页，从标题到文案正文，都围绕商品本身进行描述，详细说明了该商品的相关特性和服务。这种方式通常在一些科技商品类或生活用品类的商品文案中比较常用。

2. 利用关键词

　　利用关键词就是把关键词结合到文案开头的第一句话中，因为，关键词搜索是网络搜索的主要方法之一，关键词是表达文案主题内容的重要"桥梁"，正确合理地添加关键词能提高文案的曝光率，为营销企业带来实际的利益。对于电商文案来说，不仅可以在标题中添加关键词，也可以在正文开头添加关键词，这也是最常用的文案开头写作技巧。

阿芙面膜

AFU 阿芙·就是精油！

可以"吃"的面膜

阿芙·玫瑰芝士面膜

520天猫首发

点评

　　这是一款新品面膜，其主要的特点是可以"吃"，其本质是面膜成分天然，适合人体皮肤的吸收，关键词当然是"吃"，在文案的第一句话就表明了面膜的该种特性。通过这

个关键词，消费者很容易被其吸引并产生继续观看文案的冲动。

4.2.3 引用权威

这里的权威不仅指权威人士，还包括某个行业的调查数据、分析报告、趋势研究等权威资料。为什么要引用权威？这是因为权威效应的存在。不管是权威人士还是权威数据，都更容易引起人们的重视，并让他们相信其正确性。权威效应的存在，是由于人们有"安全心理"，人们总认为权威人物、事物或数据资料是正确的楷模，服从权威会使自己获得安全感，增加不会出错的"保险系数"；其次是由于人们有"赞许心理"，即人们总认为权威人物、事物或数据资料的要求往往与社会规范相一致，按照权威的要求去做，会得到各方面的赞许和奖励。

美团外卖

点 评

这是美团外卖的宣传文案，文案在开头就直接指出美团外卖的合作商家有50万家，超过1000家知名连锁品牌入驻美团，这些就是权威的数据；另外，文案还加上了"大众点评"的Logo，说明"大众点评"这一"权威"的评价平台与美团外卖进行了合作。两者加起来更容易获得消费者的信任。

专家点拨

文案开头经常采用的"引用权威"的方法是使用名人名言、谚语、诗词等，来引领文章的内容，凸显文案的主旨及情感，这样既能吸引消费者，又能提高文案的可读性。另外，在文案中引用权威的方法还包括可以讲述富有哲理的小故事，或者用与要表达的中心思想或段落相关的小故事来作为开头，然后用一句话揭示道理，这也不失为一种容易入手的开头方式。

4.2.4 写出我们的内心独白

这种技巧就是把我们内心的真实想法表露出来。互联网上写真实内心想法的人其实很少，大多写的都是读书笔记和读后感之类。要在文案中写出内心独白，就需要将文案写成看似戏剧性对白或作者的陈述，实际上则是两个人物或某一人物将内心活动向消费者道出。一般来说，人物独白式的语言，会给消费者一种正在亲身经历此种感受或故事的感觉，听起来比较亲切。而且，内心独白被认为是内心活动的真实反映，不掺杂虚伪的感情，所以极易给受众以情真意切、直诉肺腑的印象，引起受众的共鸣与信任。

对于内心独白型的文案，需要注意以下三点。

◆ **在情节方面：** 可叙述出相对完整的心路历程。

◆ **在氛围方面：** 语句要娓娓动人，亲切感人。

◆ **在人物方面：** 可一人独白，也可二人相互补充情节。

某品牌核桃文案

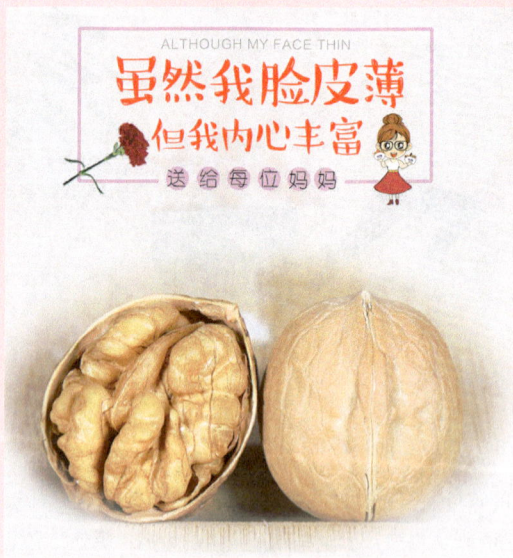

ALTHOUGH MY FACE THIN
虽然我脸皮薄
但我内心丰富
送给每位妈妈

点评

这是某款核桃的商品宣传文案，在文案一开头就以拟人的手法讲述了该核桃商品的"心情"，语气动人，如叙家常，令人感到十分亲切。

4.2.5 以悬念故事开头

这是文案中使用最多的一种技巧，不论要展示哪种商品或品牌，以悬念故事开头的文案通常都是把吸引消费者放在第一位。以悬念故事开头的文案通常有以下几种方式，以几部著名的小说为例进行说明。

- 截取戏剧化场面制造悬念——雨果《巴黎圣母院》

距今三百四十八年六个月零十九天，巴黎老城、大学城和新城三重城郭里，一大早群钟便敲得震天价响，把全市居民都弄醒了。

- 用情感的荒谬制造悬念——加缪《局外人》

今天，妈妈死了，也许是昨天，我不知道。我收到养老院的一封电报，说："母死。明日葬。专此通知。"这说明不了什么。可能是昨天死的。

- 提出问题，诱导读者跟随作者的思路——米兰·昆德拉《生活在别处》

究竟是在什么时候、什么地方怀上诗人的？当他的母亲思考着这一问题时，似乎只有三种可能性值得认真考虑：不是某个晚上在公园的长凳上，就是某个下午在诗人父亲一个同事的房间里，或是某个清晨在布拉格附近一个充满浪漫情调的乡间。

- 用情节的荒诞制造悬念——米兰·昆德拉《被背叛的遗嘱》

怀孕的高郎古杰夫人吃多了牛肠竟然脱了肛，下人们不得不给她灌收敛药，结果却害得她胎膜被撑破，胎儿高康大滑入静脉，又顺着脉管往上走，从他母亲的耳朵里生生出来。

- 用跨越时代的八卦心理制造悬念——巴尔扎克《交际花盛衰记》

一八二四年，巴黎歌剧院举行最后一场舞会时，一位年轻人在走廊和观众休息室踱来踱去，走路的姿态显示出他在寻找一个因意外情况而留在家中无法脱身的女子。他那英姿勃勃的外表使好几个戴假面跳舞的人惊羡不已。

虽然写悬念故事开头的方式大致相似，但电商文案的开头应该比小说更加精练，需要做到字字雕琢，需要有真正的卖点，如以下电商文案的开头。

京东——TCL广告效果

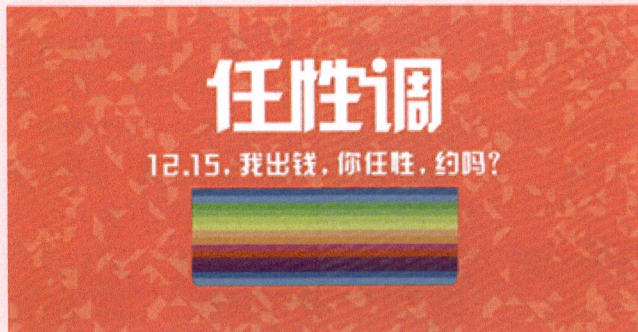

任性调

12.15. 我出钱，你任性，约吗？

　　这是2014年发布在京东首页的一则宣传文案，文案在一开头就提出"12.15，我出钱，你任性，约吗？"的悬念，这则文案一经出现，便在网上持续曝光，24小时的阅读量就超过了6000万，大家都在猜测该文案的主角。在消费者的讨论和情绪被激发到最高点时，文案再揭示主角，这样就赚足了眼球，充分达到了营销推广的目的。

4.2.6　像新闻报道一样开头

　　我国网民的基数非常庞大，所以网络中的新闻在不知不觉间引导了网民的消费习惯。以新闻报道的方式来撰写文案的文案开头，可以增加文案的可信度，进一步增强营销的效果。新闻报道写作最难的也是开头，开头要唤起消费者的阅读兴趣，也为整篇报道定下基调，这是很费思量的事。

　　撰写新闻报道类的文案开头，需要以媒体的方式、新闻的手法对某一商品、事件或品牌进行报道。有的企业为了增加可信度，甚至会聘请真正的记者来撰写。由于这种新闻报道类文案的开头完全是用新闻体组织的，所以很多非专业人士会将其作为真正的新闻来阅读。

金洪汽车脚垫

　　记者：临近"六一儿童节"，这是儿童的节日，也是家人外出旅行的好季节，现在几乎家家户户都有车，而汽车脚垫等汽车饰品的销售也火爆起来。记者走访市场发现，一款名为"金洪轻型环保汽车脚垫"的商品在汽车脚垫类商品中"鹤立鸡群"，早已销售一空。因为备受汽车厂家和个人的青睐，这款汽车脚垫获多方媒体报道，它的诞生给整个汽车脚垫市场带来了不小的冲击，为此记者特意走进金洪汽车脚垫总公司进行考察。

　　这是某款汽车脚垫的宣传文案，其在文案一开头就使用了新闻报道的方式，描述了节日出游，人们关注汽车饰品的问题，并报道了该款脚垫的良好销售情况，增加了商品文案的可信度，也为消费者多提供了一个选择。

4.2.7　直接与消费者交流

　　不同的平台，不同的传播方式，需要的文案也各不相同。网络营销中的电商文案更注重结果，讲究效率，有着明确的目标和动机。电商文案的开头必须能吸引消费者的关注，而通常情况下，吸引关注最直接的方式就是进行交流。文案的开头需要注意，要尽可能将文案当作用户了解商品和功能、激发购买商品兴趣的重要渠道。下面介绍3种文案开头的撰写方式，以便能直接与消费者进行交流。

　　◆问消费者心中在意的几个问题。这种方式又分为自问自答（标题提出一个问题，然后在文案开头自己回答）和自问他答（标题提出一个问题，然后在文案开头站在消费者的立场来回答）两种类型。

◆ 描述该场景里的商品使用情况。

◆ 直接说明商品对消费者的帮助。

自问自答

在某届世界杯期间，某洗衣机品牌在淘宝专卖店网页上直接打出了两个问题"熬夜看球赛？没空洗衣服？"，点击该页面后，直接进入商品详情页，页面第一行大字就是"都交给我吧！×××洗衣机帮你解决所有问题！"

自问他答

点 评

这是某除臭棉袜的一则宣传文案，该文案标题为"到底臭不臭"，文案开头则直接通过一个消费者闻味道的图案，并配以文字"不臭，大哥别闻了！"，站在消费者的角度回答了这个问题，既幽默，又说明了商品的特点。

4.2.8　使用诱惑性的短句

"诱惑性"的文案开头就是将受众视为无意注意者，创新文案的表达形式，选择新颖的内容，以"诱惑性"为导向，创作能够吸引受众注意、点击和深入参与的文案。在电商文案中，"诱惑性"主要指以下3种。

◆ **诱之以"利"**。消费者都有重实惠的心理，网络销售商品的价格一般都比较便宜，本身的价格优势就比较明显。因此，在电商文案中"诱之以利"是非常必要的，如"抢到888，就得500元""说句话，赢大奖""免费笔记本等你来拿"等都是点击率较高的文案短句。

- ◆ **诱之以"情"**。消费者对有关爱情、友情、亲情的文案会格外关注，因为这3类情感人们在日常生活中经常遇到，而文案可以利用消费者心中的情感或困惑，在文案中对他们的情感需求做出某种回应。例如，某征婚网站的文案第一句话就是"明天我要嫁给你啦"，以"爱情"为"诱饵"，吸引消费者点击，效果非常好。
- ◆ **诱之以"趣"**。如果文案能抓住消费者喜爱阅读具有娱乐性的文案这一特点，让文案充满情趣，具备娱乐消费者的气质，读起来比较有意思，文案的点击率会明显提高。这里的"趣"包含两层意思，一是文案语言读起来充满情趣，二是让受众感到阅读的方式有意思。

4.3 电商文案正文的写作技巧

电商文案的写作目的是要用"最容易理解的方式"来传达商品的好处，在通过标题和开头的吸引和引导后，文案的正文需要对商品进行详细的描述。当然，描述的方式有很多种，技巧也各有不同。

4.3.1 简单直接：直击消费者内心

电商文案是为了提高页面的传达性、提升用户体验，给消费者传递关键信息的，所以文案的内容应该直击消费者内心。

电商文案大部分是与商品详情相结合的。据调查显示，消费者浏览商品页面的耐心不超过2秒，如果文案表达不清晰，就容易在2秒内丢失潜在的消费者，所以，"快""准""狠"的传达极为重要。消费者需要靠文案去了解商品，所以文案对商品的描述越是简单有力，消费者对商品越容易产生深刻印象。

专家点拨

不知所云的文案，是很多电商商品跳失率不断增高的原因之一。消费者被页面视觉效果吸引后，却被文案所误导，这将会影响其购买意向。在快速消费时代，掌握消费者的浏览习惯，将页面与文案更好地进行融合，才是正确的方法。不是每个人都有耐心来领悟文案中的信息的，简单直接才是文案正文写作的重要法则。

农夫山泉

　　农夫山泉的营销文案比较出名，包括"有点甜""我们不生产水，我们只是大自然的搬运工"等，文案简洁地描述了商品及其特点，能让人第一时间知晓商品的优势：商品为山泉，味道甜甜的，是自然的产物。其广告简单易懂，并能提升消费者对商品的信任感，引起他们的共鸣，增加他们的购买欲望。

4.3.2　制造悬念：出其不意，令人脑洞大开

　　悬念式的营销可以借助悬念引爆关注，使市场利益达到最大化。对于电商文案来说，制造悬念就是要提炼一到两个核心卖点，并按一定进度慢慢展现卖点。简单来说，悬念即是从设疑到推疑再到解疑的策划构思过程，制造悬念就是要学会"卖关子"。

　　电商文案的悬念设置主要分为3个步骤。

　　◆ **第一步——设疑**。设置疑点，吸引消费者关注。切记不要过早点明结局。所谓悬念，就是要让一些神秘的东西悬而未决，否则一旦神秘的面纱被揭开，那就起不到吸引人的作用了。

　　◆ **第二步——推疑**。充分重视消费者的感受，并根据消费者的期待发展情节，旨在充分发挥消费者的主观能动性，从而提高消费者对商品的关注度。

　　◆ **第三步——解疑**。不断深化冲突，在将故事情节的悬念推向最高潮时揭示真相。制造悬念难，能够不断深化冲突更难。但也只有做到这点，悬念文案的营销才算成功。

韩后——天下无三

　　2013年，韩后在《南方都市报》上刊登了轰动一时的"张太"广告，该广告利用社会热门话题"小三"制造舆论热点，在微博、微信平台获得大范围讨论，传播效果惊人。其文案内容为："前任张太：你放手吧！输赢已定。好男人只属于懂得搞好自己的女人，祝你早日醒悟，搞好自己。愿天下无三！"当网友纷纷猜测这个广告的蹊跷之处时，微博上有人证实此广告为"韩后"的品牌广告，其理念是"搞好自己"。而从《南方都市报》刊登的后续广告来看，该广告最终的解释是：前任张太和张太实为一人，张太立志改变，搞好自己，要和以前"黄脸婆"的自己说再见。

　　仅从文案营销效果的角度来看，韩后的"天下无三"属于悬念文案的典型案例，其从设疑到推疑再到解疑的过程，将一个完整的悬念故事做了巧妙的推演，直到情节的最高潮时再揭开真相，赚足了消费者的眼球。在开展悬念营销的过程中，还可采用整合传播的方式，进一步加大传播的力度。

针对线上店铺的悬念文案营销，可以借助自媒体，如微信、微博等社交工具进行前期的预热（设疑），通过制造悬念吸引用户关注品牌店铺，引发用户参与互动、分享传播（推疑），并引流到线上店铺，最后在店铺主阵地揭示真相（解疑），这样就顺理成章地完成了一个悬念文案营销的全过程。

4.3.3 晓之以"礼"：利用奖赏或活动来利诱消费者

如今，线上店铺的常用做法莫过于送消费者各种"礼"——以最大的促销让利刺激消费者在最短的时间内下单，从而提高店铺的整体销量，每年的"双十一"购物节就是最好的例子。撰写这类文案直接在文案正文中注明促销的内容即可。

天猫"双十一"狂欢节

"双十一"购物狂欢节可以说是目前影响最大、范围最广、销量最高的电商促销活动，最早源于淘宝商城（天猫）2009年11月11日举办的促销活动。当时参与的商家数量和促销力度有限，但营业额远远超预期，于是11月11日成为天猫举办大规模促销活动的固定日期，并逐渐发展成全民购物狂欢节。2017年的天猫"双十一"全天交易额超1682亿元。

4.3.4 动之以情：达到"言有尽，意无穷"的效果

"言有尽而意无穷"是古诗词的语言描述能达到的最高境界，对于电商文案来说也一样，要尽可能使用精练的语言，抓住消费者的内心需要，从而达到最好的营销效果。所以，创作电商文案的正文，最重要的也就是用心。只要用心，即使是简单的词句也能深得人心，打动消费者。

对于用心的文案，有以下3个写作原则。

◆**原则一**。每一个词语都蕴含情感，每一个词语都能讲述一个故事。在打动消费者这一点上，有时逻辑反而不太有作用。例如：如果你并不十分满意，就在30天内退还商品，你会得到迅速

的、周到的退款。"退款周到"？这个逻辑不通，但这段话传达给消费者的信息就是这是一家非常尊重客户、服务周到、退款迅速的公司。

一般来说，一个词组、句子或段落即使在逻辑上未必完全正确，但只要它能富有感染力地传递信息，它的作用就能体现，而且它会比注重理性诉求的信息更容易让人接受。

◆ **原则二。** 好的文案都是词语的情感流露。很多词语都能给人以直观的情感信息。如农民，给大家的印象就是勤劳、淳朴；如学者，给大家的印象就是知识渊博、素质高。使用这些词语的时候，想一下它们能创造出怎样的富有感染力的信息，可以给人们留下什么样的印象。掌握了词语的情感要素，就掌握了文案写作中一条重要的技能。

◆ **原则三。** 以情感来销售商品，以理性来诠释购买。人们往往因情感而购买商品，又因逻辑而使购买行为显得合理化。所以，文案负责打动人，而优质商品可使用户的购买行为合理化。

味千拉面

> **点评**
>
> 这是味千拉面在父亲节推出的情感文案，通过一个父亲与女儿的故事，引出"这一碗，让心里好满"的文案，把味千拉面"幸福味道"的品牌理念生动地展现在观众面前。此后，"爸爸做的一碗拉面"就像"妈妈做的菜一样"，被消费者所熟知和认同。

4.3.5 剑走偏锋："不正经"地讲一个正经的故事

商品多种多样，有些文案的写作方式可以适用所有的商品类型，但一些特殊类型的商品则可能需要特别的文案写作方式。如何进行特殊商品文案的创作，这就需要剑走偏锋，从另一个角度来进行解读。对于这一类商品，通常可通过故事来进行文案创作，也可以使用各种手段来包装这个故事。在讲故事时可以诙谐一点、幽默一点，以达到吸引消费者的目的。

举几个例子："大米买得好，老公回家早！"这句广告文案用诙谐的语言从侧面表现了商品的美味。

MINI汽车

点 评

这是MINI汽车的广告文案。卖汽车本来是一件很正经的事，MINI却在突出个性这条道路上一路狂奔。MINI的文案总是向消费者展示它与众不同的样子，但是，在看到MINI这副不正经样子的同时，它的文案依然值得消费者回味。就像很多歌手用各个地方的方言来唱Rap一样，歌词任性不羁，却很容易给听者留下深刻印象。

轻松、段子、愉悦、押韵、对仗、双关、拟人、比喻等，都是这种类型文案的常用表现方式，只要角度新颖，立意明确，就很容易吸引消费者的注意。

4.3.6 层层递进：一层一层剥开购买的欲望

电商文案之于商品，就像餐厅里的招牌菜，举足轻重。要想让自己的商品能在众多的竞争者中脱颖而出，那么文案的描写就必须与众不同，要有感染力。文案和商品描述之间，是血与肉的关系。因此，文案的描写必须逻辑清晰、层层递进、环环相扣，从小招到大招一步步地实行，每一层都有实质的吸引消费者的内容，这样才能激起消费者的购买欲。

南京山河水别墅

有时候，品牌会运用系列文案的形式，层层递进地强调某种情绪。南京山河水别墅的系列推广文案就有着极为丰富的艺术特征，它充分运用了汉语言文学上的艺术手法，调动了受众的情绪。

> 第一阶段：我看得见世界，世界看不见我。
> 第二阶段：山河水，不在南京。
> 第三阶段：曾经风云，如今笑谈风云。

点 评

第一阶段描写的"我"，站在一定的高度上，历经沧桑而洞明世事，并"隐居"在了某处，所以世界会"看不见"。简单两句，别墅的形象跃然而出。第二阶段初看令人费解，但细细琢磨之后才明白其有更深的意思：山河水虽然就在南京浦口，但它的高度已经超越了一个城市的范畴。因此，山河水在中国，在世界，而不仅仅是在南京。这一阶段继续拔高了山河水的高度，言语上仍旧平淡，却有了高昂的姿态。第三阶段用这样一句看似云淡风轻，实则"大权在握"的文案，营造秘而不宣的情绪，塑造了一个低调尊贵的上流人士形象。文案层层递进，调动了消费者的情绪，吸引了消费者的注意力。

4.3.7 诙谐幽默：解除消费者的戒心

幽默的文案能够留住消费者，能让目标客户变成消费客户。在这个人人都面临各种压力的社会中，幽默是缓解压力的最好方式之一。例如，一个消费者在某个淘宝店铺使用信用卡被拒绝了，遇到这种情况，这个消费者很有可能不会再在该店铺购买商品了；但如果设计这样一条自动回复："往好处想想吧，至少不是你的护照被拒了。"用幽默的方式安抚和缓解消费者的情绪，有可能达到挽回消费者的目的。

一个著名的电商人士曾经说过："你可以缠着消费者推销，也可以通过幽默的方式卖东西给他们，我选择后者——特别是通过幽默感，因为它简洁明快，效果无可比拟。"例如，他为某体育用品公司设计的商品销售文案：（当商品为足球时）"培养一种老婆鼓励你参加的可以正大光明接受其他美女欢呼的消遣活动。"

点 评

看到这则语意双关的文案，很多人都会会心一笑。不管出于何种原因，如果一段文案能让人们笑出来，消费者自然会想："你真懂我。"这不仅拉近了商家与消费者的距离，也对消费者的购买行为起到了促进作用。

小茗同学饮料

点评

这是"小茗同学"饮料的海报文案。统一企业最新推出的全新品牌"小茗同学"冷泡茶锁定的是"95后"消费族群，品牌的命名和传播结合"小茗同学"的话题，创造了"认真搞笑，低调冷泡"的品牌形象。其文案内容提倡年轻人要有一颗进取的心，对待挫折要学会诙谐、幽默和自嘲，会用冷幽默调剂疲惫的生活。文案商品一上市就获得了大量的关注和热捧。

第5章
电商文案卖点的创作技巧

　　电商文案创作的终极目标就是销售商品。据统计，电商企业中 20% 的商品贡献了大约 80% 的销售额，这些商品叫作爆款。一个爆款足以成就一个品牌，例如，爆款凉茶成就了王老吉，爆款豆浆机成就了九阳等。那么，怎么才能成就一个爆款呢？这就需要电商企业在进行文案创作的时候找到商品的核心卖点，如"去屑"这个核心卖点成就了海飞丝，"不伤手"这个核心卖点成就了立白等。所以，对于电商文案的创作来说，提炼并在文案中展示出商品的卖点就显得极为重要。

5.1 认识卖点和核心卖点

对于文案来说，是否寻找到恰当的商品卖点，是能否使商品畅销、建立品牌的重要因素，而核心卖点则是商品销售中的所有爆款之所以能成为爆款的核心。无论是哪种类型的卖点，都是文案创作中的核心陈述点。

5.1.1 什么是卖点和核心卖点

在进行文案创作前，首先要找到商品的核心卖点。那什么是核心卖点，具备什么特征的卖点才是核心卖点呢？

1. 卖点和核心卖点

所谓"卖点"，无非是指商品具备了前所未有、别出心裁或与众不同的特色、特点。这些特点、特色一方面是商品与生俱来的，另一方面是通过广告策划人的想象力、创造力附加的。不论它从何而来，只要能使之落实于广告的战略战术中，化为消费者能够接受、认同的利益和效用，就能达到商品畅销、建立品牌的目的。

表达卖点可从很多角度来进行，这个角度可以是材质，可以是外观，也可以是工艺等。核心卖点就是能够体现这个商品最核心的竞争力的一个点，这个卖点可以瞬间让客户记住该商品，从而使该商品区别于其他竞品，并且跟同行相比，它的竞争力非常明显。因此，竞争力和区分度就是核心卖点的两个要素。

立白洗衣液文案

🔧 **点 评**

对于洗衣液类商品来说，无添加、衣服洗后比较柔顺、洗得很干净等，这些都是卖点，但都不是核心卖点，因为大多数洗衣液都具备这些卖点；这也不能使某个洗衣液类商品与其他品牌明显区隔开。而立白洗衣液就另辟蹊径，其销售文案从不会伤害客户的双手出发，"不伤手"就是立白洗衣液的核心卖点。因为其他的同类洗衣液没有主打这个卖点，"不伤手"使立白洗衣液和其他品牌区别开来。此外，这个卖点也具有很大的竞争力，因为"不伤手"是消费者非常需要的一项商品特质，同时也便于从情感的角度唤起消费者对商品的需求。

2. 核心卖点的特征

客户在万千同质化的商品中，很难一眼选中你的商品。所以，一个商品要实现突围，必须找到核心卖点。那么具备什么特征的卖点才算是核心卖点呢？

◆ **超级卖点：** 比之同行有超越性的竞争力的卖点。

◆ **独家卖点：** 具备唯一性，拥有不可复制的行业壁垒，别人不会轻易具备。

◆ **新卖点：** 与同类商品相比具有明显的差异化特征，独树一帜，让人耳目一新。

5.1.2 核心卖点的三大表现形式

核心卖点的特征也就是其主要的表现形式，下面介绍核心卖点的主要表现形式。

1. 超级卖点

超级卖点是核心卖点的一个重要表现形式，也是核心卖点的主要特征之一。超级卖点即与同行相比具备竞争力、超越同行一个层级的卖点，通俗地说，超级卖点就是能超越同类商品的卖点。超级卖点必须具有明显的竞争力，而不是仅仅具有竞争力，只有竞争力明显高于同行的卖点才能称之为超级卖点。

超级卖点能够比同行的卖点层次更高，从商品竞争上升到品牌竞争乃至理念竞争，超越了一个层次和等级。卖点的等级和层次可以分为以下3种。

◆ **三流企业卖商品：** 商品本身卖点的竞争是最低层次的竞争，因为商品本身的卖点很可能被同行复制。

◆ **二流企业卖品牌：** 品牌本身的企业价值脱离了商品本身，更具有品牌价值传播的性质，上升到了一个新的层面。

◆ **一流企业卖理念：** 商业的最高境界就是卖理念，因为理念脱离了商品和品牌，站在行业的角度去给客户传导新的决策观念，占领客户的决策心智，让客户根据你的卖点来设定行业标准，这个卖点就是行业层次的卖点。

奥迪A8汽车文案

"时间改变一切，你改变时间"

"等级划分一切，你划分等级"

点评

理念是正确的认知，是人类追求终极"真善美"的反映。而这则文案描述的这款汽车的超级卖点，不是汽车操控有多好、内饰有多高档、三大件有多好……而是一个理念，就是拥有了这款车，能够改变时间、划分等级……它满足了消费者对时间和生命的所有追求，这样的卖点才是核心卖点。

2. 独家卖点

独家卖点是某个商品本身所拥有，而其他同类商品无法具有的唯一卖点。独家卖点是客户对某个商品的唯一识别点，即在客户心中这个卖点就代表这个品牌。一般来说，核心卖点往往会被打造成独家卖点，如果某商品拥有独家卖点，那么，它的竞争力就是独一无二的。

◆ **独家软实力：** 软实力通常是指企业的品牌价值、品牌故事、团队、某种独家工艺、某种独家配方、某种拥有专利性的技术等，这些通常难以被同行复制和模仿。从企业的软实力中寻找的卖点，具有唯一性，往往很容易成为独家卖点。

金龙鱼文案

点评

　　这则文案给消费者传达了一个信息：食用油是分两类的，一类是1:1:1的食用油，另一类是非1:1:1的食用油。金龙鱼利用核心技术做出来的1:1:1调和油，经过粮油协会的认证，是适合人体吸收的合理的黄金比例。这个卖点是经过专家和两个协会共同探讨而制订的合理标准比例，也是最健康的一种比例。金龙鱼就是从品牌软实力的角度提炼了自己独家的卖点，让竞争对手无法直接复制和模仿。独家卖点的推广效果一旦形成，会给其他同行带来非常巨大的冲击。

◆ **独家垄断认知：** 认知垄断的卖点即无法复制、有一定行业门槛和竞争壁垒的卖点。独家卖点一旦找到，消费者就会对品牌形成强烈的关联认知，所以说独家卖点具有其他卖点无法比拟的核心竞争力。例如，苏泊尔的"球釜"电饭煲，是一种能够做出柴火饭的电饭煲，这个卖点就是球釜电饭煲的唯一认知。

3. 新卖点

核心卖点的第三个表现形式就是新卖点，所谓的新卖点就是与同类商品的卖点相比要有所不同。新卖点主要有以下3种表现形式。

◆ **提法新颖：** 新卖点在提法上是新颖的，是消费者第一次听说或极少见过的。

◆ **认知新颖：**新卖点在认知上是新颖的，可以填补消费者认知上的空白。

白加黑文案

"白天吃白片不瞌睡，晚上吃黑片睡得香"。

点 评

　　这则文案为消费者提出了一种崭新的理念——感冒药可以分时间服用，明确告诉消费者有办法解决上班与治病的矛盾，白天上班的时候吃感冒药不会瞌睡，不影响工作。晚上吃感冒药会睡得很香，更易恢复体力。这就是一个具有爆发力的新卖点。

◆ **表达新颖：**卖点即便不能填补客户思想认知上的空白，其在表达方式上也要新颖，同一个卖点可以换一种方式来表达。

破壁料理机文案

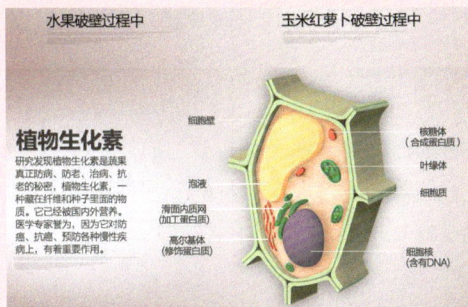

点 评

　　这是一则破壁料理机的文案，其新卖点就是"破壁"，商家在文案中传导的新观点是"破壁"才能激发水果中的生化素，只有这样才能完全利用水果的价值。

5.2 挖掘卖点的常见角度

　　下面，我们通过一些具体的案例来讲解电商文案中的几种挖掘卖点的常见角度，文案人员在进行文案创作时，也可以据此从不同的角度来进行挖掘。

5.2.1 一见钟情的外观

　　商品最直观的卖点就是外观，外观是对商品自身最显性的表达，也是客户第一印象最直接的来源，所以最容易创造差异化的是商品本身的外观。外观是商品最大的广告，是吸引消费者好感度的直接手段，是区别于竞争对手的最大的差异化，外观本身就是卖点。

蓝瓶钙文案

点评

　　蓝色就是外观上的差异化，三精制药提出蓝瓶钙的概念也更加适合儿童消费者。蓝瓶的钙，既好看又好喝，蓝色这个外观因此成了一个独特卖点。三精制药的文案都采取了"外观即卖点"的策略。并且外观专利对手不能复制，所以外观成了他们的独家卖点。

5.2.2 璞玉浑金的材质

　　消费者通常都相信只有好的材质才能做出好的商品，所以说材质本身也是一种独特的卖点，很多标榜材质特殊的做法就是在做差异化。充分地描写材质，使材质成为商品独家的卖点，这是很多品牌一贯的做法，典型的案例就是农夫山泉。

农夫山泉文案

点评

　　这则文案应该是家喻户晓了，文案的核心就是农夫山泉的水是纯洁的自然水，不是人工制造的，自然的材质才是最好的。

5.2.3 匠心独具的工艺

工艺本身就是一种卖点，一个行业的某种工艺只有行业内的人知道，如果是独家的工艺技术就更是鲜有人知，所以它才可以成为独家卖点。在工匠精神盛行的今天，很多人更加强调精品，而商品要做成精品，如果商品的工艺具备独特的差异化特征，或者这门工艺是该商品独家所有，那么该商品就具备了十分强劲的竞争力。

鲁花文案

"我们不做化学调和油，只用物理压榨，只有物理压榨的油才是原色原香的，才是真正安全的不失去营养的食用油。"

点 评

物理压榨是一门行业工艺，为了实现绝对的差异化，鲁花便靠5S物理压榨工艺实现了品牌突围。上述文案突出鲁花食用油的商品核心工艺——物理压榨，抓住了消费者对这种工艺的好奇心和信赖感。

5.2.4 人无我有的功能

功能、功效反映出了一个商品所能产生的意义，也更能被客户感知其与同类商品的区别，同时商品的使用功能和产生的效果也是消费者非常关心的问题。所以，文案需要找出商品一个有竞争力的功能，并突出这个功能。功能型卖点是最能被客户所认同的卖点，所以很多非功能型的商品也试图用文案把自己"包装"成功能型商品。

螃蟹秘密文案

商务莫代尔系列 识货的男人 都觉得我好！
BUSINESS 莫代尔 Modal + 精梳棉 Cotton
呼吸是我的本能
京东每售出10条透气性内裤 就有一条来自螃蟹秘密
5年感恩抄底价
[2件装] ¥58

点 评

螃蟹秘密用"呼吸是我的本能"作为文案，展示了商品性能的优越性，文案再搭配极具冲击力的图片（略），不仅让消费者感觉新颖有趣，还能快速记住品牌，留下深刻的第一印象。

5.2.5 转瞬即逝的时间

需要花费时间来成就的商品最为珍贵，时间能代表商品的来源、状态、特种属性，所以时间也是策划文案卖点的最好来源。时间是十分神奇的卖点，既能表达古老，也能表达新鲜，既能表达工业速度，也能表达工匠精神，它甚至可以赋予商品更深层次的底蕴和精神。用时间做文案的卖点，是让商品更加情感化的有效方式。

OPPO文案

点评

OPPO因为这个文案被大多数消费者熟知，"充电五分钟，通话两小时"，这个时间卖点不仅成了这两款手机的卖点，也成了OPPO品牌的卖点。

5.2.6 真实准确的数字

最好的卖点是用数字来表达的，因为数字最容易被人记忆，而且最容易传播。从营销效果的角度来看，文案中写1000个文字，不如打开一张图片；而给消费者看1000张图片，不如告诉消费者一个数字，所以数字是最简单、最直接能够被消费者感知到的差异化卖点。

美的空调文案

点评

数字最大的特点就是简单直接，这则文案中的"一"代表时间跨度，"1"代表用电数，从两个角度来阐述了该商品的卓越性能。

5.2.7 物产丰富的地域

地域包含的范围很广泛，包括地点、地名、地形、地貌、地域气候、地域文化、地域特质等多种因素。地域向来都是表现商品出身的最好卖点，在地域上找卖点是策划商品独家卖点的最佳套路，因为地域不可移动、不可复制，具有唯一性。用地域特色作为卖点的商品有很多，如阳澄湖大闸蟹、良乡板栗、西湖龙井、宁夏枸杞、文山三七、青海虫草等，这些地名背后实际上承载了消费者对商品地域特征的记忆及对商品优良品质的高度认可。

崇明岛大米文案

不是
所有大米都叫岛米

源自皇帝和神仙眷顾过的长寿海岛

点评

这则文案提出的是新鲜大米的概念，文案将崇明岛大米独特的地理位置和气候条件作为卖点，将商品打造成了高端大米品牌，地理位置已经成了崇明岛崭新的品牌标签。

5.2.8 专业权威的专家

专业权威人士制作的商品必定更专业，这种思想在消费者心中是根深蒂固的，所以，专家的观点就是卖点。很多品牌文案都会借专家之口来修正消费者的原有认知，植入新的认知，甚至直接以专家作为品牌名字，如王老吉凉茶、葛洪药膏、铜师傅、王木匠等。

三只松鼠文案

没有人比松鼠更懂坚果

松鼠保证 一颗坚果 百倍用心

点评

这则文案告诉消费者，三只松鼠才是坚果界的"权威"，这样消费者更容易相信这个"专家"，购买该"专家"推荐的商品。

5.2.9 稀缺独特的概念

概念是所有卖点中最稀缺、最独特的一种，概念性的卖点往往能直接带来经济效益，一个好的概念具备了独家性、超越性、唯一性和不可复制性的特点，这就实现了绝对的差异化竞争。概念是指给消费者表达一种抽象的、少见的、有思维含量的新卖点，只要是一种新概念的卖点，就很容易对消费者产生吸引力。

美的油烟机文案

点 评

虽然油烟机的最大功能诉求是油烟处理能力，但是美的通过这个文案，在抽油烟技术很成熟的抽油烟机市场上，进一步提出了蒸汽洗的概念，提升了油烟机的功能，得到了消费者的认可。

5.2.10 刻骨铭心的情怀

情怀被很多新品牌当做卖点，因为情怀能够把商品人格化，赋予商品人情味，消费者不是在消费一件商品，而是与一个高尚的精神、品格、价值观进行交流。所以当品牌给自己打情怀标签时，一定要设法让消费者有惊喜的体验，要让消费者觉得它确实是一个有情怀的品牌。近年来，"情怀"已经被植入了浓浓的商业气息，主打情怀的品牌大多数都是这样几个状态。

坚决反其道而行之不做什么——老干妈说自己坚决不上市不圈钱。

坚决旗帜鲜明的只做什么——张小泉数百年来恪守"良钢精作"的祖训只做剪刀。

坚决放弃商业诱惑做好商品——同仁堂。

偏执狂般地追求商品的完美体验——苹果。

只为少数值得服务的人存在——奢侈品。

坚持某种品牌理念和精神——只接待情侣的餐厅。

褚橙文案

人生总有起落 精神终可传承
褚时健/本来生活网 11月携手奉献
来自云南哀牢山

点 评

褚橙的畅销除了品质这个因素外，更重要的是它拥有不可复制的情怀价值。它被人赋予了褚时健大起大落的人生经历，被看作精神的传承，让褚时健种出来的橙子变成了一种可贵的时代精神。

5.2.11　4个要素归纳的常见卖点

对于电商文案的创作来说，卖点一定要体现商品本身的价值，而商品的价值分为使用价值和体验价值，而使用价值又分为可用性和功能性，体验价值则分为情感性和内容性。可用性、功能性、情感性和内容性，这4点可以将商品的所有卖点归纳进去，因此卖点的提炼便可以围绕这4个要素来展开。下面罗列出了根据这4个要素归纳的商品卖点的关键字，供读者参考。

- ◆概念—感觉—情感—形象—品质—名人—服务—特色—包装—文化—数字—舒服
- ◆知识—时间—环境—空间—健康—故事—性价比—功能—美丽—个性—买家
- ◆定制—方便—售后—品牌—网红—稀缺—爱心—热点—话题—相似—心情—轻松
- ◆设计—专利—权威—正能量—信仰—攀比—烦恼—生活方式—技术—活动
- ◆年龄—贵—大牌—梦想—无聊—地域—重量—数量
- ◆外形—大小—视觉—对手—互补—习惯—自己—安全—跟风—数据—理财—急需
- ◆口碑—人力—人情—市值—颜色—气味—声音—渠道—参与—正宗—节日—送礼
- ◆思维—变化—成长—品位—广告—信任—丰富—免费—真实—信任—缺点—信息
- ◆角度—自然—无知—创新—交流—经验—惊喜—宽容—对比—部分—老板
- ◆交换—动作—赠品—浪漫—模式—会员—层次—价值—效率—工厂—智慧—共享
- ◆结构—造型—款式—花式—规格—风格—配件—功能—复古—老土

5.3　提炼更具价值的核心卖点

网络是个虚拟的世界，通过网络，商品的所有外部和内部的特征，甚至是各种细节，都能通过图片、视频展示在消费者面前。而文案的创作则是从这些特征和细节中提炼商品的独特卖点，向消费传播一种主张、一个忠告、一种承诺。一个好的商品卖点，能够引起顾客的强烈共鸣，并激发他们对商品的好感，从而使其产生购买行为，帮助电商企业提升销售业绩。

在创作电商文案时，提炼的核心卖点必须具备三个特征：卖点是消费者所需求的，是消费者所关注的，是具有差异性的。任何商品都应该有自己独特的卖点，要在创作文案时提炼出商品的独特卖点，首先要放开思维，从广告营销的各个层面去考虑。下面将针对核心卖点的提炼进行专门的讲解。

5.3.1　循序渐进：核心卖点的提炼流程

消费者从网络中购买商品都会有一个基本的目标和原则，例如，购买食物、蔬菜是为了满足口腹之欲；购买衣服、鞋帽是为了提升自己的形象气质；购买通信电子商品是为了方便自己与外界的联系……创作文案时就可以顺着这些大方向去总结提炼商品的卖点。

具体的核心卖点提炼流程有以下几个环节。

1. 整理出所有与销售的商品相关的消费者需求

文案创作者必须首先了解和研究消费者，根据消费者的需求来提供商品文案，只有探究到消费者真正的需求，并据此进行文案的创作和设计，才能确保该商品的最终销售成功。由于消费者的生活经历、受教育程度、工作性质、家庭结构、个人审美情趣各不相同，每个人对商品品质需求的侧重点也大不相同，因此要了解并满足消费者的需求并非易事。

厨壹堂集成灶文案

点评

厨房油烟中含有300多种有害物质，最主要的肺癌致癌物是DNP，家庭主妇在厨房里准备一餐时所吸入的DNP，竟然是室外新鲜空气中的188倍！在通风系统差、燃烧效能极低的炊具上做饭，对健康造成的损害，等于每天吸两包烟。对于消费者来说，所有对于厨房商品的需求中，最重要的两点就是厨房健康和厨房美学。这款厨房集成灶就希望每个人不再因为除油烟而烦恼，健康的家的前提是有一个健康的厨房，用了集成灶，厨房因为少了油烟侵害而更健康。针对于这样的需求，该商品的文案提炼出"更好电机，更大吸力"的卖点，瞄准消费者需求，引领了厨房健康美学潮流。

2. 对消费者的需求进行排序，找出消费者对商品的需求重点

我们可以从分析消费者的物质需求、精神需求和分析消费者需求的技巧3个方面阐述如何分析消费者需求，找出商品的需求重点。

（1）物质需求

分析物质需求可以从商品和服务两个方面进行。

◆**商品需求**。商品需求包括商品的价格、包装、工艺、性能等。有些消费者的需求点在商品价格上，有的更加重视包装，也有消费者把商品质量和性能放在首位。

◆**服务需求**。服务需求主要包括交通、环境、服务行为等。如交通便利能够大大节省消费者的收货时间，并给生活带来方便等。

消费者的物质需求居于消费者需求的最底层，也是最有力量的需求层次，没有物质需求的满足，精神需求就无从谈起。

（2）精神需求

分析消费者的精神需求主要包括以下3个方面。

◆**情感需求**。情感是一种基于社会需求的态度体验。特别是在网络销售中，销售的成败很多时候就取决于客服的态度，看他们是把消费者当做顾客还是朋友。

◆**审美需求**。审美是消费者的一种美学态度，包括对商品风格、品牌价值等的美学评判。

◆**尊重需求**。是指受到社会、他人尊重的需要，主要表现在消费者购买该商品是否能得到社会认同，并获得他人的尊敬、赞美等的需求。

（3）分析消费者需求的技巧

分析消费者的需求时，需要运用好以下几个分析技巧。

◆**观察**。针对本商品购买的消费者的衣着、随身物品、发型、气质、行为姿态、消费习惯、消费数量等进行初步的观察以便对其需求倾向有一个基本的定位。

◆**询问**。确定消费者的真实需求要学会询问，可以用网络调查、问卷调查、面对面提问等方式，通过问题一步一步挖掘消费者的真实需求。

◆**倾听**。这个方面需要通过经常接触消费者的网络导购人员，或在实体店的销售人员进行分析，通过倾听能够获得消费者的关键需求点，如果盲目展示商品的卖点，一旦该卖点与消费者需求冲突，将无法完成销售。另外，在倾听的过程中可以增加与消费者的互动，在交流的过程中不断建立客情关系，最终实现双方的共赢。

◆**推理**。需要根据消费者提供的信息去推测他们可能的需求动机。例如，一个要购买太阳眼镜的女性，可能要去海边度假，那么就有购买泳衣、防晒霜、拖鞋等商品的可能性。

某连裤袜消费者需求分析

从上图的累计评论详情中我们可以看到，该款连裤袜累计评论达三万多条，其中涉及便宜的评论有604条，其次是物流快、服务不错、弹性不错；而不好的评论里，很薄有303条，从中我们基本可以得出结论，该价位的连裤袜商品，消费者关注的痛点就是是价格和材质的薄厚。如果我们要销售同价位、同类型的连裤袜，文案中的卖点就应该是"便宜"，所有的主图、详情页、营销文案都要围绕着"便宜"这两个字来做文章，只有不断地通过主图、文案、营销手段强化这个卖点，才能够刺激消费者下单成交。

3. 对比同类型商品，分析自己商品的优势，提炼差异化卖点

差异化卖点就是指与同类型商品的卖点不同的卖点，这种不同可以是自己的商品所拥有而竞争对手不具备的特性，或者同类型商品有，但从未被提到过特点。心理学当中有句话叫作"先入为主"，应用到市场竞争中就是说，同样的卖点，竞争对手要是先提出，也就抢先完成了市场占位，已经率先在消费者心中打下了深刻烙印，如果这时我们的商品再以同样的卖点打入市场，就很难取而代之。

九阳空气炸锅文案

这是一款九阳空气炸锅的文案，该炸锅一经推出就销售火爆，这全得益于先于对手提出的"无油、低油脂、低热量、低油烟、高营养"的概念，在消费者心中打下了"无油健康饮食"的不可磨灭的烙印，完成了市场占位。虽然市场上已经有很多各种类型的炸锅了，但是九阳先于对手喊出，先入为主了。所以，无论是竞争对手有的还是没有的，只要你有、你先，就可以建立卖点的差异化，赢得消费者青睐。

4. 分析和表达卖点

对于电商文案人员来说，提炼出卖点后，还需要借助网站分析商品和卖点，最后表达出卖点，相

关步骤如下。

（1）在电商网站中分析同类商品

通过主要的电商网站可以搜索主关键词找出同类商品，然后筛选款式价格差不多的商品，按销量和人气排名找出多个商品，再从这些筛选出的商品中通过主图、描述、评价、问答四个方面找出该类商品的现有卖点。

（2）分析目标人群特点

前面已经介绍过了，每个类型的消费者有不同的爱好兴趣及消费观念，那么卖点的提炼也要根据目标人群的特点来进行。例如，坡跟精品女鞋的目标人群基本是白领女性，如空姐、银行、服务类女性人群，她们的特点就要来回走动，站得比较久。所以由上面第一步分析可知这类目标人群对鞋子的要求都集中在舒适、大气、精典等特点，相对地其消费者的消费水平是比较中端的，她们喜欢的是实惠又优质的商品，而工作的性质要求鞋子应该简单、大气、正式，而不是过于花俏。

（3）分析商品自身的特点

撰写文案前，需要了解该商品的特点和优势，分析这些特点和提炼卖点的前两个步骤在哪些方面是重合的，把这些特点和优势都罗列出来。如坡跟精品女鞋的特点：做工好、头层牛皮、透气、无异味、底部柔软、防滑、轻、一线品牌、简单大气……可以先从商品本身的结构、造型、款式、规格、风格、配件、颜色、品质、功能等这些特点上去找，然后再对照前面介绍过的多种卖点进行提炼，找到符合该商品特质的卖点，同时要注意卖点要符合电商的风格定位。

（4）筛选符合以下规则的卖点

这里的规则主要是指商品的差异化、人群需求与心理、商品优势与店铺定位。通常情况下，文案中的卖点可以先符合后面两个规则，而差异化原则可以到第5步时重新提炼，或者用新的形式来表达。

（5）选择卖点的表述方式

最后就是选择卖点的表述方式，以前面的坡跟精品女鞋为例，可以直接使用同类型商品的共同卖点作为自己的卖点，如耐磨橡胶底、内增高；当然，也可以直接使用差异化的卖点，如纯手工头层牛皮、产地意大利；最后，一些创新性的特点也可以直接作为卖点来表述，如可拆式鞋子、按摩功能等。确定商品的卖点后可以通过主图、标题、描述、操作问答和评价买家秀来突出卖点。

某女鞋文案

5.3.2　确有其"四"：核心卖点的提炼原则

营销学中有一个著名的理论，任何商品在营销过程中都应该有自己独特的卖点主张，这一理论包含3个方面的含义：一是商品应该向消费者传播主张或者承诺，告诉消费者购买该商品会享受哪些好处；二是卖点主张应该是同类型商品尚未提出的，或者竞争对手无法复制的；三是卖点主张应该以消费者为核心，易于理解和传播，有强大的吸引力。商品核心卖点的传播通常是以文案形式出现的，一句话就能给消费者留下深刻的影响，例如，农夫山泉的"我们是大自然的搬运工"、海飞丝的"去除头屑烦恼"、李维斯牛仔裤的"不同的酷，相同的裤"，等等。所以，在进行文案创作时，提炼商品的核心卖点，需要遵循以下4个原则。

1. 确有其"实"

这里"实"是指商品真实的功能和功效，在进行文案创作时，商品要确实具有卖点所宣传和承诺的功效或特征，确实能够满足消费者的某种需求。商品的品质是企业的生命所在，其核心卖点必须依托实际的功效，这点必须真实可靠，不能欺骗消费者。这就是文案卖点创作的首要原则，只有功效真实的商品，才能获得市场的认可。在文案创作过程中提炼核心卖点时，确定商品的功效诉求必须首先考虑消费者和市场需求，而不是只按照商品的功效排序。例如，一双女鞋的功效排序是时尚、创意、舒适、真皮，而市场需求排序是真皮、舒适、时尚、创意，在创作该女鞋的核心卖点时，就应该以市场需求为主，以真皮和舒适作为文案创作的重点。

牛奶卖点

在不同国家或地区，牛奶分有不同的等级，目前最普遍的分级是全脂、低脂及脱脂牛奶，在我国，全脂牛奶的脂肪含量在3.1%以上，低脂牛奶（也就是部分脱脂牛奶）的脂肪含量在1%~2%，而脱脂牛奶的脂肪含量在0.5%以下。一般人群均可食用牛奶，其中脱脂奶适合老年人、血压偏高的人群，随着生活条件的改善与我国人口老龄化的加速，人们对于脱脂奶的需求越来越大。在这种情况下，牛奶的功效排序应该是脱脂、低脂、高脂，但实际市场的需求却不是这样。脱脂牛奶虽具有低脂肪高蛋白的特点，但因脂肪缺乏导致口感过于单薄，在我国的市场认可度不高；另外，别看脱脂牛奶比全脂牛奶的热量低45%，过量饮用同样也会导致肥胖；另一方面，即使是全脂牛奶，只要适量饮用，也不会直接导致肥胖；而且，全脂牛奶营养丰富，喝全脂牛奶不容易饿，因此减少了其他食物的摄入。所以，根据市场的需求，三种牛奶的功效排序就成了全脂、低脂、脱脂。

2. 确有其"量"

"量"指数量，是指消费者的群体要有一定的数量规模，文案的卖点要针对一定的人群，这个人群的数量要达到一定的规模，否则该商品就无法达到一定的销售数量，就会影响企业的利润。举个例子：如果有一种保养品，既适男性也适合女性，那么该保养品的核心卖点是针对男性还是针对女性呢？企业毫无疑问都会选择后者，因为女性才是购物的主力军。

某楼盘销售文案

"听老婆的话，买某某某花园"

点评

　　这句话不但接地气，"三观"正确，通俗易懂，而且包含了对女性的人文主义关怀和对女性地位的充分尊重。创作卖点时，针对女性这个群体的销售效果比针对男性要好至少二十个百分点。这个楼盘销售文案既针对了女性这个群体，也涉及了男性群体，既满足了女性的需求，也为男性制造了"疼老婆"这一台阶，给足了男性面子。当然，这也决不是说创作商品卖点时一定要多多益善，相反，若指望自己的商品男女老少皆宜的话，往往会失去了自己的核心卖点与消费群。这是一个消费群体的定位问题，多和少要在权衡利弊之后才能正确判断。

　　只有面向足够数量的人群，也就是有足够的需求者，商品才有开发推广的价值。提炼商品的核心卖点时必须使这一卖点面向足够数量的人，而不是向极少数人宣传。

3. 确有其"独"

　　"独"就是独特之处，是指商品的核心卖点要区别于同类商品或者竞争对手。95%的商人都有跟风的习惯，看见人家做什么赚钱，就跟着做什么，当所有的人都进入某一个赚钱的市场以后，结果就没有什么利润了。消费者买的不是商品，买的是对商品的印象。根据"第一"胜过"更好"的原则，要想让商品在消费者心目中留下难忘的印象，最好的办法就是成为某一类别的第一或者唯一，这就是商品的独特之处。

　　确有其"独"并不只是指商品本身的特点，文案中传递给消费者的独特的具有说服力的"说法"也可以称为"独"，如服务、时间、附加价值、盈利模式、价格优势、创新速度、商品品质、历史优势等。很多时候，也许同行或同类商品大都具备这些方面的特点，但关键是看谁能先说出来、讲清楚，并让消费者认为这一特色与优势是你独有的，这样你就能成为这一类别的第一或者唯一。

厨邦酱油文案

厨邦酱油的品质和生产过程与竞品本质上并没有什么区别，但其文案创作出了一句"厨邦酱油天然鲜，晒足180天"的广告语，以此来告诉消费者厨邦酱油是最鲜的酱油，因为被阳光暴晒了半年。而事实上很多品牌的酱油都是要经过半年甚至更长时间的暴晒才灌装上市的，只是它们没有说出来而已。而当厨邦第一个说出"晒足180天"的概念之后，其他厂家已经没有办法在这一点上采用同样的说法了，如果也跟着说"我的酱油晒足180天"就很明显是在抄袭他人，而且无意中更提高了厨邦酱油的声望；如果接着说"我的酱油晒足360天"（即便事实如此），人们也会觉得你是在模仿别人，没有新意，也未必会相信。这就是第一的好处，也是确有其"独"的卖点优势。

4. 确有其"名"

"名"是指名称和称谓，是指文案提炼出的商品核心卖点必须易于消费者理解和记忆，并容易被广泛传播。在创作文案的过程中，提炼商品核心卖点时应该尽量避免使用拗口的学术用语，要用普通消费者听得清楚、容易记忆的短语来进行描述，任何烦琐、模糊的词语只会让企业花费大量的资金和时间去做无谓的解释；同时，语言要生动、亲切、富于联想，能够用一句话，言简意赅地将信息直接展示给目标消费者，使其产生购买意向（即使不买，也会留下深刻的印象），这就是文案核心卖点的魅力。

经典一句话文案

别把酒留在杯里，别把话放在心里——泸州老窖

喜欢这种东西，捂住嘴巴，也会从眼睛里跑出来——网易云音乐

她学会视频通话，是想跟你多说点话——农村淘宝

那些别人眼中的天真，都是我以梦为马的狂奔——京东

普通的改变，将改变普通——天猫

老人家在哪，老家就在哪——某地产广告

在文案创作中提炼商品的核心卖点可以说是商品营销的起点，通过文案中的一句话，即让消费者了解了商品，也提升了销量，这就是文案需要达到的标准。三全水饺有过一句经典文案——"吃点好的，很有必要"，为此，有消费者吃了3个月的三全水饺，吃遍了该品牌所有类型的饺子，其体重也从100斤提高到了130斤。直到现在，很多消费者还把这句话挂在嘴边，时时提醒身边的朋友和亲人，这就是确有其"名"的功效。

在进行商品核心卖点提炼的时候，以上4个条件必须是同时具备缺一不可的，彼此之间并不存在谁轻谁重的问题。

5.3.3 定位精准：核心卖点的因素提炼方法

文案创作中提炼商品的卖点需要综合考虑消费者、商品、竞争对手3个方面的因素，前两个是必然存在的因素，而竞争对手则是一个非必然因素。对于电商企业来说，有些商品在销售初期并不存在直接的竞争对手，在提炼卖点的方法上与存在竞争对手时的情况有不同之处。

1. 无竞争对手情况下的商品卖点提炼

在没有竞争对手的情况下，提炼商品卖点就不需要考虑差异化，只要找到商品的功能与消费者痛点之间的交集，即可形成商品的卖点。

海飞丝文案

点 评

从最初的"头屑去无踪，秀发更出众"到"远离头屑，长效保护"，再到现在的"去屑实力派"，海飞丝洗发水一直都在通过洗发去除头屑的道路上前进。去屑一直是海飞丝洗发水的重点功能，也是这款商品最大的卖点。购买去屑洗发水的目的是去除头屑的烦恼，有头屑的消费者很容易就被去屑这一卖点打动。去屑洗发水不止一个去屑功效，还有去油、去污、柔顺和保养发质等功效，但是海飞丝却将去屑作为了商品唯一的卖点在营销中反复使用，正是因为商家发现了绝大多数消费者都有头屑烦恼这一核心痛点，为了主攻这部分群体，抢先占位，才舍了商品的其他功效，将发力点集中放在去屑的功效点上，使诉求更为单纯，利益点更加鲜明。而随着其他洗发水商品同样开始把去屑作为卖点进行宣传，海飞丝就在继续强化"去屑"这一卖点的基础上，加入了对柔顺、去油等功效的宣传，即维护了这一核心卖点的地位，又增加了商品卖点，扩大了商品的受众群体。

从上面海飞丝洗发水的案例可以看出，有些商品虽然有多种功能，但在文案创作中，设计为最核心、最能打动消费者的卖点却只能有一个。为商品提炼一个核心有力的卖点，势必要充分了解消费者的现实痛点，了解消费者的真实需求，找出能直接解决消费者痛点的那个商品功能点，并对其加以包装，使之成为核心卖点。

某保温杯文案

🔧 点 评

　　这款保温杯的文案很简单，就是告诉消费者它有多保温，相比于市场上没有那么多层保温设置的同类型商品，该保温杯的卖点就很简单了，它抓住多层保温这一功能大作文章。在该文案提出"48小时保温"卖点后，该保温杯一个月的网络销量就达到了10万个。

2. 有竞争对手情况下的商品卖点提炼

　　对于电商企业来说，竞争才是常态，也是商品更新换代的高效催化剂。在无竞争对手阶段，提炼商品卖点需考虑商品自身功能点和消费者痛点两个因素，找到二者的交集，就形成了主要的核心卖点。如果在市场上存在竞争对手，存在同类型的商品，竞争对手就必须作为提炼卖点前重点研究和分析的对象，提炼卖点的重点就在于建立自身商品与竞争对手商品的卖点差异化，形成鲜明的诉求区隔，使自身商品成为消费者购买的主要选择。

vivo手机文案

点评

vivo手机最初是靠手机音质和拍照功能起家的。在后来各种类型的手机都在加强拍照功能后，vivo就重点对于拍照这一卖点进行诠释和重新打造。vivo自身的商品与竞品都具有拍照功效，针对的消费者的痛点是拍照，这就是所谓的"原生痛点"，但解决拍照问题的同时，又衍生出诸如照片不清晰、无法补光、拍照效果不如相机等痛点，这些就是所谓的"次生痛点"。而这时，在文案中提炼新的卖点就是解决"次生痛点"的有效途径，这样，拍摄补光及双摄像头的两个卖点，就形成了vivo手机新的差异化卖点，满足了细分人群的拍照需求，同时也创作出"柔光双摄，照亮你的美"的大家耳熟能详的文案。

商品自身、消费者、竞争商品三者产生的交集即是商品的核心功能点，即使将该功能点当作商品的核心卖点，也无法产生差异化的竞争。所以，在存在竞争对手的情况下，文案创作中的卖点提炼应该将焦点转向商品特点上，需要将商品的核心功能点与特点进行结合，并使其与消费者的痛点产生交集，这样才能形成商品的独特卖点。

美团过期退卖点

互联网团购作为一个电商商品，它的商品功能在于为消费者提供更便宜的网购方式，这个功能可以决定消费者选择团购平台消费，而不选择传统电商平台消费，但无法决定消费者具体选择在哪个团购平台消费。美团创造性地提出了"过期退"的差异化卖点，这个卖点就是基于商品特点提炼的，它解决了消费者团购过期损失这一"次生痛点"，给了消费者一个选择美团的理由。

5.3.4　理论进化：进一步优化卖点

模仿是进行文案创作的一个基本技能，大部分优秀文案源于模仿和借鉴，一个好的文案卖点常常是在模仿和借鉴中创作出来的。

要做好文案的模仿和借鉴工作，就需要在卖点上不断进化。卖点进化其实就是对卖点进行升级，让卖点比同行的核心卖点更加深入一步，让卖点比同行的卖点更领先一点，从而实现同质化卖点向差异化转变。

卖点的进化分为两种：一种是层级深度的进化，即从初级到中级，再到高级，最后到特级文案；另外一种是在原来卖点的基础上进行描述修饰进化，以此来实现卖点的升级。

（1）级别深度进化

在电商文案中，卖点的级别深度进化的标准主要有以下4种。

◆**初级文案：**描述类文案。

护眼灯的初级文案

这是一款好用的护眼灯，循环充电触摸开关，LED光源。

> **点评**
>
> 仅仅描述了商品的基本功能。

◆**中级文案**：有卖点的文案。

护眼灯的中级文案

这是一款专门针对高频用眼的学生群体研发的护眼灯，能够抗蓝光，不闪屏、不刺眼，使用效果好。

> **点评**
>
> 这是一则有卖点的文案，"护眼"这个卖点圈定了具体的针对群体——学生，且是高频用眼的学生群体，而且"抗蓝光，不闪屏、不刺眼"升级了商品竞争力。

◆**高级文案**：有核心卖点的文案。

护眼灯的高级文案

这是一款每隔37分钟会自动熄灭一次的科学护眼灯，根据人体视觉的疲劳期，只有每隔37分钟使眼睛休息一次，才能真正做到护眼。

> **点评**
>
> 这则文案就只有一个核心卖点，就是37分钟的护眼标准。卖点不多，但是很聚焦，消费者的认知也会更加深刻。

◆**特级文案**：有独有的核心卖点的文案。

护眼灯的"杀手"级文案

这是一款由医学专家+光学专家联合研发的润眼灯。爱德华医生和其他光学专家根据眼球对光线的感知第一次提出了真正实现护眼功能必须使用润光板，只有这样才能彻底告别因错误使用灯光而造成的弱视、近视等眼科问题。这款由医生和科学家研发的护眼灯不叫护眼灯，直接独家命名为润眼灯。

> **点评**
>
> 这则文案具备了核心卖点——医生研发的润眼灯，并且是唯一的、独有的核心卖点。

（2）描述修饰式进化

卖点进化既可以跳出原来的卖点进行思考，也可以进入新的思考层次，或者对原有卖点不断地进行修饰加深，完成卖点的深入进化。

奶瓶卖点描述修饰式进化

商品：奶瓶

进化：防呛奶奶瓶

　　　防呛奶硅胶奶瓶

　　　防呛奶全路径硅胶奶瓶

　　　防呛奶偏头全路径硅胶奶瓶

　　　育婴师推荐的防呛奶偏头全路径硅胶奶瓶

　　　育婴师推荐的美国进口的防呛奶偏头全路径硅胶奶瓶

第6章

详情页文案写作

对于网店来说，一个理想、美观的详情页是至关重要的。网店的大部分消费者都是通过搜索直接进入商品详情页的，如果商品的详情页文案不能打动消费者，就无法产生销售行为，就无法带来经济效益。所以，网店的商品详情页一定要做好。

6.1 详情页商品标题

商品详情页是指在淘宝、京东等电子商务平台中，卖家以文字、图片或视频等手段展示所销售商品信息的表现形式。对于网店卖家来说，流量是衡量其店铺人气的主要标志之一，而网上店铺的流量大部分来自于消费者的搜索，所以商品标题与消费者搜索关键字的匹配度是决定流量的重要因素之一，一个好的商品标题能在吸引消费者注意力的同时，给店铺带来更多的流量。商品标题是指商品详情页中的标题部分，它一般出现在消费者搜索结果页面和商品详情页的顶部。

某书籍详情页标题

6.1.1 属性是商品的标题性能标签

商品的基本属性主要包括商品规格、名称、材质、类别和颜色等，在填写商品的基本属性时，要求信息完整、正确和真实。商品的基本属性信息有很多，在撰写商品标题时，应该将这些属性关键词融合到其中，通过关键词的累加来与买家搜索的关键词进行匹配，以提高店铺的流量。一个好的标题需包含的属性内容为：商品名称、商品所属店铺名称/品牌名称、同一商品的别称、商品价格和商品必要的说明。

◆ 商品名称是商品标题的基本要素。

◆ 在商品前加上店铺名称或品牌名称有利于宣传自己的店铺。

◆ 有时同一个商品可能会有不同的名称，为了让消费者尽可能地找到你的商品，应该尽可能将别称写上去。

◆ 对于特卖型的商品，在标题中加上商品价格可以快速吸引消费者眼球。

◆ 某些特殊类型的商品需要在标题中加一些必要的说明信息（商品的形式和数量）。

6.1.2 关键字是商品标题的指南针

在电商网站中，商品是否能被消费者搜索到，主要取决于标题关键字与消费者搜索关键字的匹配程度和商品标题的规范性。

◆ **选择关键字**。合理设置标题关键字能够增加商品页面的点击率，建议在商品上架的初期尽量避开竞争激烈的关键词，多使用长尾关键词和与商品属性吻合度高的关键词。其次，还要站在消费者的角度来思考标题中应该包含怎样的关键字，结合消费者的心理和商品属性，拟定一个既简洁又能突出商品卖点的标题，这样才能获得消费者的搜索流量。

◆ **确保商品类目准确**。消费者在网站中购物，主要是通过自主搜索和商品类目导航搜索来查找自己需要的商品的，因此类目属性也决定着消费者搜索的结果。类目属性是在保证消费者体验的基础上，网站开发人员为了帮助消费者更好地通过搜索找到他们想要的商品而设计的，它是根据标题与消费者查询词语匹配的相关性计算原则进行设置的，与商品所在的详细类目信息息息相关。当消费者输入某个词语进行搜索时，网站就会根据这个词语来判断他们想要的是什么样的商品，继而匹配到商品的某个类目信息中。举个例子，消费者输入"身体乳"，那么他可能是想找"美容护肤/美体/精油"栏目下的"乳液/面霜""身体护理"类的商品，如果某商品在其他的类目下，则用户搜索结果中将不会出现该商品。消费者搜索"灯罩"，那么他可能是想找"家装主材/配件专区/灯具配件"类目下的某个商品，如果某商品的类目属性设置为"家居/家居饰品"，则在默认排序中将被降权显示。因此，商品的类目属性准确度越高，商品属性填写越完善，越能够被消费者搜索到。

◆ **商品标题的规范性**。设置吸引人的商品标题是增加商品页面点击率的关键。可参照以下规范设置标题，一是标题限定在30个汉字（60个字符）以内，否则会影响发布。二是标题要尽量简单直接，还要突出卖点，要让消费者一眼就知道商品的特点，知道它是什么商品。

某大闸蟹详情页标题

6.1.3 标题是刺激消费的开胃菜

商品标题就跟人的名字一样重要，是展现给他人的第一印象。当消费者在众多搜索结果中找寻所需要的商品时，标题就是吸引他的第一要素，只有消费者对标题感兴趣或标题中某个词吸引到消费者，消费者才会点击标题。商品标题的作用主要有以下两点。

◆ **被消费者搜索。** 无论商品详情页文案有多好，商品本身有多好，商品要想让消费者看到，首先就要被搜索到，商品标题承担着被消费者搜索的重任。因此网店运营者要详细了解并分析消费者会搜索的关键词，提炼出搜索次数多且有效的关键词添加到标题中，让自己的商品能够被消费者搜索到。

◆ **激发消费者的点击欲望。** 当消费者搜索到商品信息后，呈现在他们面前的是一系列符合他们搜索需求的商品，这时，商品标题就起着激发点击欲望、让商品被消费者浏览的作用。一般来说，好的宝贝标题能够吸引消费者点击，提高店铺的流量。

某连衣裙详情页标题

6.1.4 爆款商品标题模板

观察并分析一些销量较高的店铺，可以发现他们的商品标题有一定的规则，即：品牌名（可以省略）＋名称＋叫卖＋属性。

◆ **品牌名。** 对于一些新手卖家或者创业初期的网店卖家，最好不要把自创品牌名称放入标题，因为新品牌没有名气，消费者几乎不会对新品牌进行搜索，而品牌名字会占据标题的字数，减少其他关键字在标题中的展示机会。

◆ **名称。** 标题中一定要包含商品的名称，否则即便有消费者看到了标题，也不知道商家究竟在销售什么商品。

◆ **叫卖。** 可用特价、促销、包邮、超值或新品上市等叫卖属性的词语来吸引消费者，当消费者看到低价促销等信息时，更容易点击查看商品详细信息。

◆ **属性。** 在网店中购买商品时，消费者一般都是在搜索框中输入描述宝贝属性的词语来查找需要的商品的，因此，消费者比较关注商品的属性特征。例如，一款女士服装可以在标题中添加风格、材质和款式细节等属性；数码商品可以添加品牌名称、型号和规格等属性；食品可以添加产地、规格等属性。标题部分关键词的顺序可以进行自由组合，目的是增加搜索概率，同时使标题更加吸引消费者。

某销量较高零食的详情页标题

6.2 详情页的功能与原则

消费者在电子商务平台上购物时，不能触摸到实际的商品，只能通过商品详情页这种途径来充分了解商品的各项信息，因此卖家要尽可能让商品详情页详尽而又有吸引力，这对消费者决定是否购买你的商品至关重要。

6.2.1 功能：把商品的一切和盘托出

商品详情页其实就是一个无声的推销员，它能最大限度地将商品的卖点展示出来，让消费者在了解商品的各项信息的同时，延长在店铺的停留时间，间接引导他们下单，从而提高店铺的转化率。下面对详情页的主要功能进行介绍。

◆ **使消费者增加对商品的了解**。消费者点击进入商品详情页时，可以看到详细的商品描述信息，包括商品的材质、品牌、价格和样式等基本信息。除此之外，详情页还能对商品的其他信息进行展示，如商品的适宜人群、细节描述、不同角度的展示图片等，这些信息有助于消费者更加详尽地了解商品细节。

◆ **使消费者了解商品的功效**。商品详情页中要提炼出商品的卖点，以吸引消费者的眼球。一般来说，要将商品最主要的功能和特点都提炼出来，以实景图片 + 文字的形式对商品的特点加以重点展示，突出商品的优点。

◆ **使商品获得消费者的信任和好感**。商品详情页中的详细描述不仅为消费者提供了了解商品的途径，还让他们对店铺和商品有着良好的印象，特别是购买须知、买家评价和注意事项等从消费者角度来考虑问题的内容，会让消费者觉得店铺经营者是真心实意地为他们考虑，从而赢得消费者的信任和好感。

◆ **引导消费者下单**。当消费者被商品标题吸引而进店后，优秀的商品详情页内容能够让消费者快速找到可以满足他们需求的内容，甚至让有些原本没有购物动机的消费者认可商品，引起他们想要购买的欲望。

另外，商品详情页中的其他商品推荐或促销活动，也会激发消费者继续浏览的欲望，增加消费者在店铺中查看其他商品的概率。需要注意的是，促销信息要及时、有效，不能放置已经失效的内容或纯粹为了吸引消费者点击而缺少实质的内容。

6.2.2 原则：就是一篇商品介绍

商品详情页是通过视觉来传达商品特征的一种形式，对提高店铺的成交转化率起着决定性的作用，所以在撰写详情页文案时，需要注意以下原则。

◆ **虚实结合**。商品详情页的商品信息描述要符合实际情况，特别是商品的细节描述、材质和规格等基本信息，一定要真实可信，不能肆意夸大，也不能隐瞒或弄虚作假。对于商品的背景、商品加工过程和买家反馈等信息，可以适当美化和加工，让商品更加有内涵和品质。

◆ **图文并茂**。商品详情页需要文字来进行必要的说明，但主要吸引消费者的还是图片。如果忽略图片而采取大段的文字描述将会降低商品的吸引力。正确的做法是有图有文、图文搭配，且要注意图片与文字的美化，为消费者提供良好的视觉感受。

◆ **详略得当**。没有消费者喜欢在众多的文字描述中提炼商品的有用信息，如果商品详情页是一些重复啰嗦、没有重点的信息，那么消费者将会直接退出商品页面。

6.3 详情页的构架

商品详情页中的内容众多，只有了解并熟悉商品详情页的框架，才能更好地填充内容，并策划每一个板块的格局和需要展现的信息。

6.3.1 看图说话，以图为荣

清晰直观的图片可以明确地展现商品的特点，是商品详情页中至关重要的元素，它和文字一起构成了商品详情页的内容。

◆ **焦点图**。焦点图应在商品详情页最显眼的位置（一般为上方），通过突出焦点图的方式来推广店铺中的商品，会使得商品具有强烈的视觉吸引力，这容易引起消费者的注意，并让他们去点击查看。

◆ **商品总体图和细节图**。总体图是指能够展现商品全貌的图片，最好是不同角度、不同颜色、能够完美展现商品信息的图片。商品细节图是指表现商品局部特征的图片，主要分为款式细节、做工细节、面料细节、辅料细节和内部细节等。

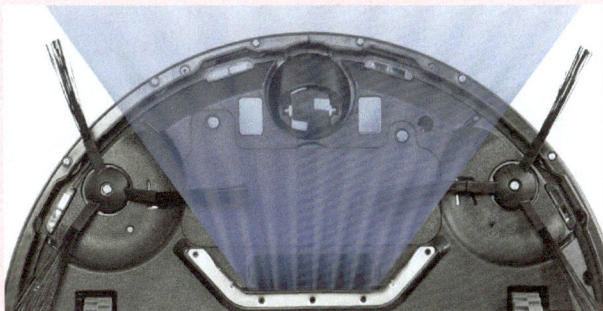

◆**场景图**。场景图是指实拍图或在搭建的场景内拍摄的图片。这种图片可以让商品不再单调，以充满生活气息的方式呈现在消费者眼前，给消费者良好的视觉感受和吸引力。特别是对于服饰、鞋靴和箱包等生活类用品，最好提供场景图片。

◆**消费者感受图**。消费者感受图是指将消费者使用本商品后的感受，以图片的形式呈现在商品详情页中。这种方式既可以为消费者提供参考，也是间接证明商品价值的有效方式。

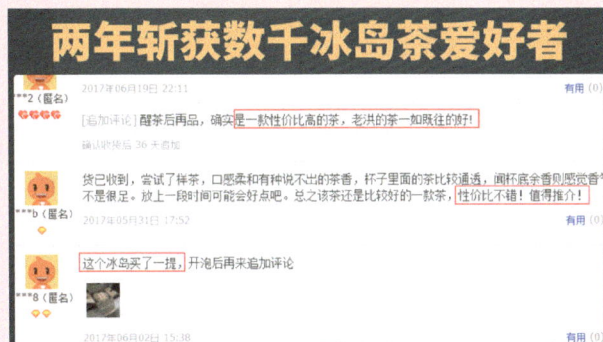

6.3.2　商品才是王道

在实体店中购买商品时，销售员都会向消费者详细介绍商品的功能、性质和特点，甚至让消费者亲自体验，其目的是为了让消费者感受购买商品后所能获得的好处和利益，促使消费者进行购买。网店通过文字、图片等元素，也可以将商品的全貌、性能和特点用灵活且富有创造性的方法展现出来，方便消费者对商品进行鉴别、挑选，并以此引起消费者的购买兴趣，这需要网店卖家充分了解自己的商品并能够合理地展示商品的特点。

1.　做好前期准备

作为一名文案人员，充分了解并熟悉电商的商品十分重要。不仅要熟悉商品的材料、功能和类型，还要对商品的使用说明了如指掌，这样才能熟练地组织语言来进行商品的介绍，使商品详情页文案在消费者心中留下良好的印象。

对于某些需要用专业技术知识来介绍的商品，文案人员千万不能以自己的理解来随意进行描述，必须及时向相关专家或供应商请教技术知识方面的问题，不能出现名词解释有误、专业词汇使用不当等最基本的错误。另外，文案人员还可从以下几个方面来了解商品信息，为文案的写作奠定基础。

◆ **商品的性价比**。不管购买什么商品，质量和价格都是消费者最关心的问题。他们不仅追求低廉的价格，还要求商品质量尽可能最佳。因此卖家的商品是否物美价廉就成了消费者选择的首要条件。文案人员在进行商品详情页文案的写作时，要充分了解商品，通过文字表达体现出商品的高性价比，从而达到吸引消费者的目的。

◆ **商品的优缺点**。一名优秀的文案人员要非常熟悉商品的优缺点，只有这样，才能在写作文案时弱化商品的缺陷，突出其特点，让消费者信任商品。

◆ **商品与消费者需求**。商品是消费者的消费品，消费者购买商品是为了满足自身的需求。因此文案人员在写作文案前要详细了解商品与消费者需求之间的联系，了解消费者的愿望和动机，根据不同消费者的需求，展现商品的不同特点，这样有利于提高店铺的转化率。

◆ **商品的售后服务**。在文案写作时，文案人员必须要让消费者知道商品的使用寿命是多长，有什么保养商品的技巧，消费者如果需要售后服务，应该如何联系等问题，因此文案人员在文案写作之前也需了解商品的售后服务信息。

2. 仔细设计商品展示页面

商品展示说明是商品详情页中最主要的内容，文案人员要以谨慎的态度来设计商品的展示页面，抓准消费者的喜好和要求，规划出有创意的展示说明方式。一般来说，可从以下5个方面来进行设计。

◆找出消费者的问题点，针对消费者需求进行设计。

◆列出商品的特性及优点。

◆挖掘消费者最希望改善或希望被满足的需求。

◆按商品特性、优点及利益进行组合。

◆按商品能够满足消费者的利益进行优先组合。

某组装电脑详情页的组合配置介绍

产品核心参数对比

套餐类别	套餐一	套餐二	套餐三	套餐四	套餐五	套餐六	套餐七	套餐八
活动价格	1398元	1698元	1898元	2298元	2598元	2898元	3298元	3798元
CPU	3核	4核	4核8线程	6核12线程	i5 3470	i5 3470	i7 860	8核16线程
主板	A78	A55	X58	X58	H61	H61	P55	X79
显卡	GTX650	HD7770	HD7770	GTX650Ti	GTX650Ti	GTX750Ti	GTX750Ti	GTX1050
硬盘	500GGB	500GGB	500GGB	500GGB	500GGB	120GB固态	120GB固态	120GB固态
内存	8GGB	8GGB	8GGB	8GGB	8GGB	8GGB	8GGB	16GGB
显卡跑分	2万	4万	4万	4.8万	4.8万	5.8万	5.8万	8.8万
显示器	24寸IPS	24寸IPS	24寸IPS	24寸曲面	24寸曲面	24寸曲面	27寸IPS	32寸IPS

3. 保证商品的完好性

文案人员在介绍商品时，应注意完整地介绍商品，不论是内在质量，还是外在包装、附件及外观设计等方面都不能有任何疏忽，这样才能引起消费者的关注和兴趣，刺激他们的购买欲望。否则容易引起消费者对商品质量的怀疑，导致文案策划的失败。

4. 强调商品的特色

网店与实体店最大的不同之处在于，网店不受环境、地点、时间及消费者等因素的影响，可以向网络中的任何消费者展示自己的商品，具有广泛的客户群体。因此文案人员在向消费者展示商品时应着重展示商品的特色，体现商品在同类商品中优势以及与其他商品的区别。

同时，文案人员还应该合理优化商品，通过文字叙述提升商品的品质。例如，商品样式夸张，可强调其新颖有个性、别致上档次；商品体积很小，可强调其节省空间、便于携带；体积较大，可强调其存储空间大，一物多用。总之，要根据商品的性能和服务对象，有针对性地强调重点并加以介绍，这样才会收到更好的效果。

某电炖锅详情页的特点介绍

天际隔水炖 健康好营养
借用水为媒介，形成天然保护屏障，将内外环境隔绝，保证营养元素
不被氧化和污染，汤汁原味，营养释放而不流失

抗氧化
营养好保留

锁元气
食材好滋养

水分不流失
汤汁好美味

微压循环炖
营养充分释放

阻碍细菌与灰尘
食物好保鲜

陶瓷U型密封结构
健康好营养

5. 用语要由浅入深

进行文案写作时，要注意商品展示的先后顺序，一般来说，应该先向消费者展示商品的特定部分或特点，后向消费者介绍商品基本性能与作用。描述的语言也应该由浅入深，文案人员不能一开始就写一些深奥的专业词汇或自卖自夸，做一些自以为能够宣传商品的"专业"描述，而不从消费者的实际需求出发，这样会引起消费者的反感，导致客户的流失。好的文案应该是用语浅显且生动易懂，由浅入深地介绍商品，进而达到引人入胜的效果。

6.3.3 消费者是上帝

现代销售或服务行业秉承以消费者为中心的理念，因此文案写作还要体现消费者的需求，并给予消费者心理上或精神上的满足。文案人员在写作前可以有针对性地进行一些调研，将消费者关心的问题收集起来，并将解决办法一并写入文案中。根据不同的消费者对象，文案的侧重点也各有不同。

1. 讲究实惠的消费者

家庭主妇或年纪比较大的人在购买家庭日用品或实用性很强的商品时，重点关注的是商品的性价比，需要的是经济实惠的商品，而且这类商品都是大众品牌。针对这种购买动机，详情页文案设计的侧重点就是：加量不加价、量大从优、买二赠一等。

某垃圾袋详情页

2. 追求新奇个性的消费者

这种类型的消费者一般以追求时尚的青年为主，他们通常只关心商品的独特性和商品与众不同的地方，不会选择热销的商品，因此只有个性化的商品描述才能吸引这类消费者的注意。彰显个性、限量销售等文案对他们将会有很强的吸引力。

某打火机详情页

3. 追求便利性的消费者

这种类型的消费者会追求整个购买流程的便捷性，希望省时省力，能够尽可能简单、快速地完成交易，并且希望能够在一个店铺或平台处购买齐所有的商品，实现所谓的一站式购物。所以，针对这类消费者，在文案中需要尽可能地展示出快捷购物、快捷支付、使用方便等信息，如免费上门安装、极速发货、一对一客服指导组装等。例如，在购买家具的时候，安装视频、免费在线安装指导等服务都能促使追求便利性的消费者产生购物行为。

4. 外观控型消费者

这种类型的消费者以女性为主，她们有浪漫情怀，关注精神生活，喜欢美化环境，关注色彩、造型等。一般对于这类商品而言，场景代入式的图片设计、文案设计都应该更关注美观性，让消费者有置身其中的感觉。

某项链详情页

5. 追求尊贵的消费者

这种类型的消费者追求名牌，追求高档的商品，借此显示自己的身份、地位。这类消费者多处于高收入阶层，他们对品质、身份地位、彰显尊贵、手工原创等元素比较关注，文案就应该针对这些元素进行创作。

某皮带详情页

6. 好奇驱动的消费者

这类消费者具有强烈的好奇心，他们十分容易在好奇心的作用下购买商品。如曾经在淘宝上有一个很特别的店铺，当时做了一个活动：

第一步，大幅海报，"老板娘跑了，万念俱灰，店铺不干了，狂甩！！"，然后通过微信和QQ群传播这个特别的店铺，很多消费者在好奇心的驱使下进入店铺，当然也有很多人就"顺便"购买了商品。

第二步，大幅海报，"老板娘原来去进货了，又回来了，进了很多新货，开心打折！！"，继续用微信和QQ通知传播，卖出更多的商品。

第三步，大幅海报，"哭！！这回老板娘是真的跑了！"……

7. 从众型消费者

这种类型的消费者在互联网上其实是最多的，正是因为有了这类消费者，才成就了爆款。消费者的从众心理一般来自于两个方面，一方面是崇拜性从众，针对这种从众心理，最常见的文案或者描述就是×××同款，然后把同款的场景展现出来。在淘宝上，某明星同款，某影视剧同款，都比较受欢迎，利用的就是消费者的崇拜性从众心理。

某明星同款棒球帽

另外一种从众心理就是刺激大众跟随，例如，全网热销××件，连续三年全网销量第一，××明星的选择等。

8. 习惯型消费者

这种类型的消费者购买的商品都是相对标准的重复性消费品，如奶粉、大米、食用油等。这类消费者一旦熟悉了某个店铺和品牌，下次购买的时候，就会自然而然地选择同样的商品。对于创作这类商品的详情页文案，最有效的方法就是经常提醒消费者来购买。

> **专家点拨**
>
> 消费者的购买动机是千奇百怪的，以上列举的只是最常见的一些购买动机，在进行详情页文案创作时，还是要根据商品类目的实际情况，根据店铺的实际情况，制定最有效的文案方案，设计符合自己商品特性的详情页，刺激消费者购买。

6.3.4 其他详情页文案的构架因素

除了以上几种商品详情页文案的构架方式外，还有一些因素也能影响详情页文案的创作，包括造势和借势、消除消费者风险、售后及相关信息、关联推荐等。

1. 造势和借势

势是指通过文字、图片或视频等元素向消费者传递信息，而这些信息能够对消费者的心理产生一定的影响。通过这种影响造成消费者思想上的变化，并最终激发他们的购物欲望，达到提高店铺成交量的效果。

◆ **引用第三方评价**。第三方评价是指有经验的消费者对购物过程的评价。现在的电商网站都包含消费者评价功能，卖家也鼓励消费者将自己亲身经历的购物过程和商品使用感受发布在网上，以供其他消费者参考与评估。

◆ **销售势**。销售势是指商品旺销，销售势头强劲，在同类商品中销量名列前茅，甚至远超同类商品的销量。

◆ **实体势**。实体势是指网店的实体店铺的规模、团队人员组成、技术分工和生产厂家的优势，这些都可以从一定程度上体现店铺的实力，可以作为消费者评估店铺商品质量的一个标准。

◆ **权威势**。权威势是指消费者对极具公众影响力的人或机构的一种自愿的服从和支持。文案人员可在商品详情页中添加专业权威机构对商品的认证信息，这将会增加商品的权威性。

2. 消除消费者风险

网络购物不像实体店购物一样能够让消费者实实在在地触摸到商品，因此具有一定的购物风险。文案人员应该把引起消费者担心的问题列举出来，并承诺这些风险由卖家承担，消除消费者的购物风险。很多网店都会对自己的商品进行承诺，例如，本商品自买家签收后的7天内，若出现任何质量问题，且保证外观、包装、吊牌完好，可直接联系更换新品或退货。退换货过程中产生的一切费用由商家一力承担，不收取消费者任何费用等。

3. 售后及相关信息

前面介绍过商品售后服务的相关知识，文案详情必须按照其要求来进行写作。同时还要注意相关信息的说明，如什么情况下消费者可以申请退换货，退换货的具体流程如何，是否需要消费者支付维修费用等。

某水杯详情页售后信息

4. 关联推荐

详情页文案中可以关联推荐一些同类商品或搭配套餐，以激发消费者的购买欲望，提高消费者的客单价（指每一位消费者在店铺中平均购买商品的金额，它在一定程度上决定了店铺销售额的高低）。店铺销售额是由客单价和客流量（进店的消费者数量）决定的，因此，要提升店铺的销售额，除了尽可能多地吸引进店的消费者，增加整体销售量，提高客单价也是非常重要的。

6.4 商品详情页写作

优秀的商品详情页，可以大幅度提高店铺的转化率，促使消费者进行消费。如果商品详情页中详细展示了商品的特性，也拍摄了精美的实物图，但还是没有消费者光临，这不一定是商品品质不够好，也不是价格不够优惠，而可能是商品详情页文案不够吸引人，没有激发消费者的购买欲望。

6.4.1 商品详情页文案的写作要求

网店中几乎所有的商品详情页都采用图文搭配的方式，通过图文搭配，一是可以丰富图片所表达的内容，提升图片的可读性；二是解决了文字冗长的问题，提升了消费者的阅读体验，增加了商品的可信度。因此，文字也是商品详情页中不可缺少的元素，要想让消费者购买商品，就需要文案人员合理组织和写作文案，突出商品的卖点以吸引消费者。

商品详情页文案在商品详情页中一般出现在商品亮点介绍、设计诠释、细节描述和功效介绍等地方。总的来说，需要遵守以下要求。

◆**统一叙述风格**。商品详情页中需要进行文案描述的地方不止一处，文案人员在进行描述时要先统一文案的用语风格，不能前面使用轻快幽默的语言，后面又使用严肃沉闷的表述方式，这会降低消费者的阅读兴趣。商品详情页文案的写作与一般的文章写作相似，只要保证文章风格统一，用语通俗易懂，能够表达商品的特点即可。

◆ **确定核心点**。核心点就是商品详情页文案的主要表述中心，明确商品的核心竞争点才能更好地组织语言，从中心点展开文字描述，突出商品的优势。

◆ **个性化的语言**。尽管网店在数量上非常多，然而很多网店的商品详情页文案却千篇一律，没有自己的特色和亮点。如果文案人员能独树一帜，创造独特的语言描述风格，不仅会吸引消费者，还能引领文案潮流，成为真正的赢家。

6.4.2 商品详情页文案的写作方法

要想写出能够吸引消费者的商品详情页文案，就一定要注重文案细节。一般来说，商品详情页文案的写作方法有九宫格思考法、目录要点延伸法和三段式写作法3种，与文案创作的模式基本一致，但也有不一样的地方。

1. 九宫格思考法

使用九宫格思考法进行商品详情页文案写作时，要遵循以下几项原则。

◆ **用词简明：** 为了使九宫格能尽量表达清楚且简洁易懂，文案人员应该使用简明的文字或关键字进行描述。

◆ **尽量填满：** 九宫格是文案人员围绕核心主题进行发散思维的一种解决问题的方法，为了给核心主题提供更多的想法和解决思路，应该尽量将每一个格子都填满，提供尽可能多的思维方式。

◆ **重新整理：** 第一次填写的九宫格可能会存在逻辑不正确、点子不适合等问题，此时可以重新思考整理以建立更好的九宫格模型。

◆ **使用颜色：** 使用不同的颜色来分类，把不同类型或不同效果的点子用不同的颜色加以区分，可以让思路更加清晰。

◆ **放慢思考：** 九宫格的每个格子都可以让使用者在某个核心概念下过滤重要概念，因此使用者可以适当放慢思考的速度，以获得更符合实际需求的答案。

◆ **实地行动：** 九宫格的最终目标是提供一个有效率的行动指引工具，因此要求它能够体现实际的核心主题，并具有帮助文案创作者采取实际行动的效果。

2. 目录要点延伸法

目录要点延伸法是将商品型录上的商品特点照抄下来，然后对每个要点进行延伸说明。如现在有一款包包，它的要点有5点，如下为其要点延伸。

◆ **简单百搭：** 包型简单大方，用于上班、逛街购物或旅行度假，随走随背。

◆ **性价比高：** 全网最低3折价，199元真皮包包，超高性价比体验。

◆ **品种齐全：** 十余种颜色随意挑选，大小版本一应俱全，满足您不同的需求。

◆ **防偷盗：** 全球顶尖拉链设计，独家定制高端防盗拉链，保证您的资金财产安全。

◆ **容量可观：** 能容纳您出门的必备物件，如雨伞、iPad和杂志等。

通过文字的表述再搭配精美的图片，就可以清楚地展示出这款包包的特点。在进行展示的过程中，要注意搭配商品图片进行详细说明。

3. 三段式写作法

在商品详情页文案中使用三段式写作法，具体操作前面已经介绍过，这里不再赘述。

6.4.3 商品详情页文案的写作技巧

优秀的商品详情页文案写作需要掌握一定的技巧，文案人员可以参考以下要点进行写作。

1. 图文搭配

好的文字解说搭配出色的图片，即使是对于没有购物动机的消费者，也能给其留下良好的印象。商品文案更离不开图片的支持，可以在图片中添加文字，也可以在图片外的空白地方添加文字，但要注意文字不能遮盖图片所要传达的信息，同时要保证图片清晰，重点突出。

2. 商品价值的体现

商品价值分为商品的使用价值和非使用价值两种，写作商品文案时，一定既要体现商品的使用价值，又体现其非使用价值。

◆ **使用价值**。它是商品的自然属性，是一切商品都具有的共同属性之一。任何物要想成为商品都必须具有可供人类使用的价值；反之，毫无使用价值的物品是不能成为商品的，如粮食的使用价值是充饥，衣服的使用价值是御寒或蔽体等。

◆ **非使用价值**。通常也叫存在价值（有时也称为保存价值或被动使用价值），它是指人们在知道某种资源的存在（即使他们永远不会使用那种资源）后，对其存在赋予的价值。有很多店铺的商品详情页文案在写作时只体现了商品的使用价值，而忽略了商品的非使用价值，从商品营销的角度来说这是不正确的。因为通过挖掘商品的非使用价值，设计符合客户需求的非使用诉求，可以提升商品的价值，给商品赋予更加丰富的内涵，并进而提升商品的转化率。商品的非使用价值可以从商品的附加价值、文案中的身份和形象、职业匹配度、商品的第一感觉等方面进行挖掘。

3. 紧贴店铺定位

文案写作一定要与客户群体的需求相贴合，紧贴店铺定位，不断强调自己的优势与特色，才能打动消费者。如某个服装网店的定位为民族风服饰，文案人员就可以抓住消费者对民族风的喜爱与向往，通过一些文艺的词汇和民族风情的语言叙述来进行文案的创作，文案主要体现自由与心灵的放飞，这与大多数都市白领的内心向往相契合，更容易获得良好的销售效果。

4. 抓紧目标消费人群的痛点

痛点并不是指买了这个商品有多好，而是不买这个商品会有什么样的后果。文案人员可以设身处地地从消费者的角度来寻找痛点，思考消费者必须要买这款商品的理由，以消费者的痛点带动店铺商品的卖点，加深消费者的认同感，并提升他们的购买欲望。如母婴用品的痛点就是安全、天然和环保等；女性内衣的痛点则是身材走形和健康问题等。

5. 以情感打动消费者

以情感打动消费者就是通过"故事"来为商品添加附加价值，让消费者更加容易接受。无论是写作什么类型的商品文案，只要能够讲好故事，就能调动阅读者的情绪，让他们在阅读的过程中被潜移默化，认同商品的价值，最后促成购买。

6. 逻辑引导客户

优秀的商品详情页文案都有一定的逻辑，它主要围绕商品的某些主题来展开描述，对卖点进行细分，从不同的角度切入。通过众多卖家的实践，商品详情页文案的逻辑可遵循以下顺序。

◆品牌介绍（也可换到最后）。

◆焦点图（引起浏览者的阅读兴趣）。

◆目标客户群设计，即买给谁用。

◆场景图，用以激发消费者的潜在需求。

◆商品详细介绍，以赢得消费者的信任。

◆为什么购买本商品，即购买本商品的好处有哪些。

◆不购买本商品会怎么样。

◆同类型商品对比，包括价格、材质和价值等。

◆消费者评价或第三方评价，加强买家信任度。

◆商品的非使用价值体现，最好通过图文搭配的形式来进行设计。

◆拥有本商品后的效果呈现，给消费者一个100%购买的理由。

◆给消费者寻找购买的理由，如自己使用、送父母、送恋人或送朋友等。

◆发出购买号召力，为消费者做决定，即为什么马上在你的店里购买。

◆购物须知，包括邮费、发货和退换货等。

◆关联推荐商品信息。

以上内容只为商品详情页文案写作提供一个参考，在写作时，针对不同的行业、不同的商品，文案人员要根据具体情况进行分析。在写作文案前可以收集一些同行业销售量前几名的商品详情页文案，分析它们的文案构成和写作方法，在此基础上创作出自己的风格。

第7章
海报文案写作

海报是极为常见的一种招贴形式，多用于电影、戏剧、比赛、文艺演出等活动，海报的语言要求简明扼要，形式要做到新颖美观。海报也是最常用的一种推广方式，对于电商来说，海报主要用于介绍商品和推广品牌，所以，海报文案也是一种电商常用的文案表达方式。

7.1 海报文案的写作基础

"海报"从诞生到现在，其"业务"对象已不仅仅是职业性戏剧演出的专用张贴物，其主要使用范围已经从文艺界转移到了体育界、教育界、商界等多个领域，其表现形式也从普通的平面海报发展为网络中有声音、有视频的多维立体海报。它同广告一样，具有向群众介绍某一事物、事件的特性，所以，海报也是广告的一种。对于电商来说，海报是"图形+文字"的结合，两者相辅相成，图形化的设计看起来会比较美观，并更容易吸引消费者的眼球，而文字则用来表现或突出主题。我们这里所说的海报文案是指海报中的文字，它是海报的主题，用来展示海报的宣传要点，所以，电商海报中的文字是海报的主体，图像主要起着辅助表达的作用。

天猫"双十二"海报文案

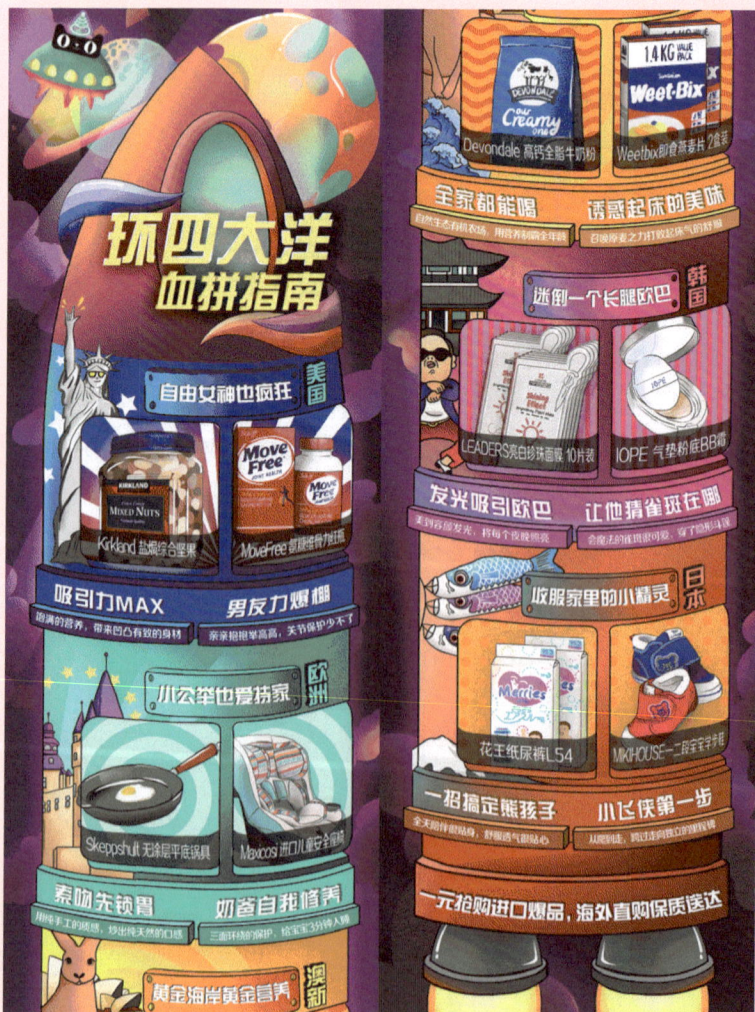

7.1.1 海报的起源

海报这一名称，最早起源于上海。旧时，海报是用于戏剧、电影等演出活动的招贴。在上海，人们通常把职业性的戏剧演出称为"海"，而把从事职业性戏剧的表演称为"下海"，人们便把这种作为展示戏剧演出信息的、具有宣传性的招徕顾客的张贴物叫做"海报"。"海报"属于户外广告，分布在各街道、影剧院、展览会、商业闹区、车站、码头、公园等公共场所，国外也称之为"瞬间"的街头艺术。

海报具有在放映或演出场所、街头等地方广泛张贴的特性，加以美术设计的海报，又是电影、戏剧、体育宣传画的一种。海报相比其他广告具有画面大、内容广泛、艺术表现力丰富、远视效果强烈等特点。

随着社会的发展，海报也有了日新月异的变化，从材料的运用到创意的表现，都有了飞跃性的进步。现在的海报不再以写实或叙事的平铺直叙式表达，而是融入了各种设计风格和创作思维，使广告意图在表达的形式上更加丰富多彩，从而达到了更好的宣传效果。

早期和现在的电影海报

7.1.2 海报文案的类型

海报按其应用不同大致可以分为商业海报、文化海报、电影海报和公益海报等，这些海报的类型也对应不同的海报文案类型。

1. 商业海报

商业海报是指宣传商品或商业服务的商业广告性海报，商业海报文案的设计，要恰当地配合商品的格调和受众对象，并根据企业的商业诉求来为企业的商业目标服务，电商海报就包含在商业海报的范围内。

> **专家点拨**
>
> 一切具有商业目的的海报都可以称为商业海报，包括多数以营利为目标的电影海报、盈利性的文化演出海报、宣传企业或单位的介绍性海报等。

某购物广场海报文案

2. 文化海报

文化海报是指各种社会文娱活动及各类展览等的宣传海报。文娱活动包括各种演出、体育运动等，为这些活动制作的海报包含在文化海报范围内。展览的种类很多，不同的展览都有其各自的特点，文案人员需要了解展览和活动的内容，才能运用恰当的方法设计海报内容和风格。

足球运动的文化海报文案

学校的文化海报文案

3. 电影海报

电影海报是海报的分支，电影海报主要起到吸引观众注意力、刺激电影票房收入的作用，与文化海报等有几分类似。

4. 公益海报

公益海报带有一定思想性，这类海报具有特定的对公众的教育意义，其海报主题包括对各种社会公益、道德的宣传，或对政治思想的宣传，目的在于弘扬爱心奉献、共同进步的精神等。

珍惜粮食的公益海报文案

7.2　创作电商海报文案

海报作为营销过程中的一个重要环节，将电商和消费者直接联系在一起，通过视听的方式传递给消费者重要的商品信息，提高他们对商品的认知，从而激发他们的购买欲望。对于消费者来说，在看到某个商品的相关信息后，就会对商品产生兴趣，文案也就因此变得特别重要，海报文案作为传递信息的载体，直接决定着商品的成败。电商海报文案中的主要信息包括主标题、副标题、附加内容等，有的海报还会添加商品卖点或促销信息等。

某品牌电子门锁海报文案

点 评

这是一张很典型的电商海报文案，主标题、副标题、卖点、商品、促销信息都表现得很好，主标题为"务实主义"，副标题为"V6沉稳的黑色宣誓着一贯的务实精神"，商品卖点为"指纹、密码、钥匙、触屏"，促销信息为"现价2198，原价3180"。

7.2.1 排版能决定海报文案的命运

空间是文字之间、图文之间的排列关系，是海报排版的第一步和基础，一张图的空间关系即构图，自一开始就影响到海报整体的走向和最终的成型，甚至能影响消费者对于海报文案的兴趣。所以，在海报文案的设计之初，文案人员一定要深思熟虑，深入了解文字的多少、图形的类型、海报的设计要求和风格，并选择相应的构图和图文结构关系。

1. 对齐

对齐是最常见也是最基础的排列方式，对齐排版的文案中会有一道看不见的线，这条线平行于海报的边界线，与海报的边相呼应，将所有的文案自然而然地串联到一起。

（1）左对齐

电商海报文案基本都采用了左对齐的排版方式，因为消费者的浏览习惯一般都是从左往右的。左对齐的海报文案会给人以稳重、力量、统一、工整的感觉，左对齐是最常见的排列方式之一。

左对齐海报文案

（2）右对齐

右对齐的海报文案不符合消费者的阅读习惯，信息读取较慢，但可以放置不太重要的多段落信息，从而突出其他元素。右对齐文案给人的感觉是安静和稳定，采用这种对齐方式的电商海报文案较少。

某移动电源海报文案

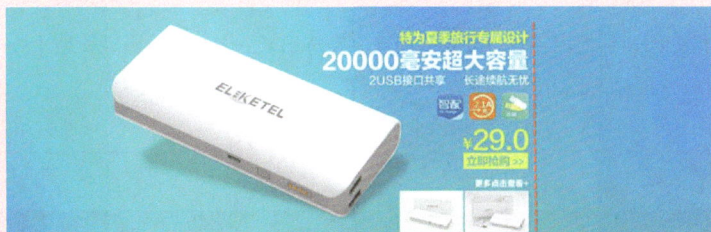

（3）居中对齐

居中对齐的排版方式适合各种类型的商品或品牌海报文案，居中排版会给人正式、大气、高端、有品质的感觉。在电商海报文案中，居中排版的文案经常直接叠放在商品上面，文案的遮挡会和后面的商品营造出一前一后的层次感，加上一些光效会让整个画面的空间感提升许多。

居中对齐海报文案

2．对比

消费者通常都不喜欢看平淡无奇、千篇一律的东西，有对比的画面才能吸引他们的注意力，在海报文案中使用对比的排版技巧可以有效地增加画面的视觉效果。对比包含的方式和内容很多，比如虚实对比、冷暖对比等，电商海报文案中最常见的对比形式就是字体的大小和粗细以及疏密对比。

在电商海报文案中采用对比的排版方式时需要注意以下两点。

◆ 文案中需要运用粗细对比和大小对比加以强调和区分的内容才是重点的语句，通常在标题或副标题中。

◆ 字体的大小和粗细的对比一定要明显，让消费者一眼就能看出两者之间的对比关系。

（1）大小和粗细对比

在海报文案中，通常将主标题加大加粗，与副标题形成大小和粗细对比。附加内容采用小字，但在卖点价格部分加粗强调再次形成对比。大小对比的目的是，突出显示主要内容，吸引消费者的视线，继而引导他们阅读其他内容。只要将重点文字提炼出来放大加粗，就能使整个版面信息主次分明、富有层级性，就会在视觉上引导消费者继续浏览。

某运动鞋海报文案

点 评

上图中的海报文案就是典型的字体大小和粗细对比，只通过改变字体的大小和粗细就能把海报设计得非常精美。另外，有时候为了让对比更加明显，会降低小字部分的透明度，形成明暗对比。

（2）疏密对比

疏密对比的方式在居中对齐的排列方法中经常使用，使用疏密对比方式时，需要注意字符的间距，把握好疏密度，否则容易给消费者造成松垮的感觉。

某服装海报文案

3. 分组

如果一张电商海报上包含的文案信息太多，不加以整理的话就会显得杂乱无章、毫无秩序，这时候就可以考虑将文案分组，将相同信息的文案摆放在一起，这样可以使整个页面显得富有条理性，看上去更加美观，更加有利于消费者阅读。

羽绒服节海报文案

专家点拨

对齐、对比、分组是电商海报文案中最常用的3种排版方式，对于文案创作者来说，海报中每一个元素的存在以及排列位置都是为了服务于海报效果和商品销售效果的。

7.2.2 正视标题的核心作用

和谐的色彩搭配+宝贝商品+对应的海报文案，这样的海报才能吸引消费者的注意。海报文案需要先对商品和市场进行分析，再对宝贝（在电商中，宝贝是指商品）进行商品定位的包装与修饰，让消费者看完海报后，一想到该商品就能想到海报上的文案（很多时候这句文案就是标题），这就需要正视标题的作用。

1. "恐吓"消费者

"恐吓"是指针对一些消费者不知道、不明白或者平时没有注意到的问题，采用"吓人"的文案引起消费者的注意，从而达到推销商品的目的。例如，"你知道吗？洗衣机比马桶脏64倍，也许你正在使用这样的洗衣机"这样的标题，很容易吸引消费者点击继续阅读。

2. 夸大其词

夸张的手法也是海报文案的常用促销手段，例如"送给妈妈最美的礼物"，这其实是一个很夸张的标题，这样的标题十分容易吸引消费者的眼球。

某内裤海报文案

3. 故事情怀

故事和情怀是文案写作常用的方式，裂帛、初语、花笙记的成功案例，也证明了现在的网店推崇的就是特色风格，就是文案情怀，而锤子手机的海报也经常用到情感营销，也是用广告和活动勾起消费者心中潜藏已久的情感，获得他们的认同，从而提高销量。

初语服饰海报文案

7.2.3 展示消费者最关心的问题

作为将商品展示给消费者的直接方式，海报设计在很大程度上决定了销售传播的广度。消费者之所以看电商的海报，是因为该文案有价值，触及了他们最关心的问题。如果想让消费者了解文案能提供的价值，可以把消费者能得到的好处在文案中说清楚，这样消费者可以快速判断海报文案是否对自己有用，并决定是否关注其中展示的商品。

1. 直接展示

这是一种最常用的电商海报文案的写作方式，这种方式将某个商品或主题直接明了地展示出来，细致刻画并着力渲染商品的质感、形态和功能用途，呈现商品精美的质地，给消费者以逼真的现实感，使其对海报所宣传的商品产生一种亲切感和信任感。

某防晒霜海报文案

点 评

由于直接展示这种手法直接将商品推到消费者面前，所以文案要十分注意画面上商品的组合和展示角度，应突出商品的品牌和商品本身最容易打动人心的部分，运用光影、颜色和背景进行烘托，将商品置身于一个具有感染力的空间中，这样才能增强海报画面的视觉冲击力。

2. 突出特点

要想在同行业众多相似的商品中脱颖而出，在创作海报文案时，就需要抓住和强调商品或主题本身与众不同的特征，并把它鲜明地表现出来，将这些特征置于海报页面的主要视觉部位，或对其加以烘托处理，使消费立即感知到这些特征，引起消费者的视觉兴趣，达到刺激购买欲望的促销目的。

专家点拨

在电商海报文案中，这些应突出渲染的特征，一般可以赋予商品个性化的形象及与众不同的特殊功能，突出特点的手法也是常见的海报文案表现手法之一。

某品牌服装海报文案

3. 合理夸张

这种方式是指对电商文案中所宣传的商品品质或特性，在某个方面进行明显夸大，以加深或扩大消费者对这些特征的认识。通过这种手法不仅能更鲜明地强调或揭示商品的实质，还能使海报文案产生一定的艺术效果。

某修甲液海报文案

专家点拨

　　按商品表现的特征，夸张还可以分为形态夸张和神情夸张两种类型，前者为表象性的处理方式，后者则为含蓄性的情态处理方式。通过夸张手法的运用，可以为海报文案的艺术美注入浓郁的感情色彩，使商品的特征更加鲜明、突出和动人。

4. 对比衬托

对比是一种在处理对立冲突艺术中最经常采用的突出的表现手法，这里的对比不是文案字体的对比，而是将海报文案中所描绘商品的性质和特点放在鲜明对照和直接对比中进行表现，借彼显此，互比互衬，借助对比所呈现的差别，达到集中、简洁、曲折变化的表现效果。通过这种手法可以更鲜明地强调或揭示商品的性能和特点，给消费者深刻的视觉感受。对于电商海报文案来说，最常见的对比衬托项目就是价格。

电商价格对比海报文案

5. 幽默诙谐

这种方式是指运用饶有风趣的语言、巧妙的安排，营造出一种充满情趣、引人发笑而又耐人寻味的幽默意境，进而引申出需要宣传的商品和品牌。幽默的矛盾冲突以别具一格的方式，可以达到出乎意料、又在情理之中的艺术效果，引起消费者会心的微笑，从而发挥文案的作用。

海尔家电海报文案

6. 以情托物

海报是图像与文字的完美结合，消费者观看海报的过程，就是与海报不断交流感情产生共鸣的过程。海报文案可以借用美好的感情来烘托主题，真实而生动地反映这种审美感情就能获得以情动人的效果，发挥艺术的感染力量，达到销售商品的目的。

母婴商品海报文案

7. 制造悬念

这种方式是指在文案上故弄玄虚，布下疑阵，使人看不懂海报画面或者有期待，造成一种猜疑和紧张的心理状态，驱动消费者的好奇心，开启积极的思维联系，引起消费者进一步探明广告题意之所在的强烈愿望，然后通过文案标题或正文把海报的主题点明出来，使悬念得以解除（或者根本不解除悬念，把悬念保留下去）。

某运动商品海报文案

新兴的电商品牌都有一个明显统一的品牌风格，它是通过商品、文案和设计三者来体现的，要求海报文案要制定统一的文案方案。比如服装品牌，如果商品风格是走皮质、鲜亮路线，崇尚自然狂野，比较随性，购买这类服装的人多是新时代的时尚流行青年，因此，在文案上也需要使用符合这类青年阅读习惯的文字。在确定文案写作基调后，所有的电商海报文案都要在统一的文案形式上进行扩展，在风格上保持一致。文案的目的是精准地找到需要该商品的消费者，因为每个人买东西的时候都会对那件商品有某种憧憬，在海报文案中把消费者的憧憬、幻想、渴望表达出来，就能达到一定的推广目的。

7.2.4　海报文案中的战斗机——促销文案

促销海报文案是电商为了促进商品的销售，在特定的时间范围内，利用打折、优惠等营销手段制作的海报文案，它可以说是一种非常特殊且功能性很强的海报文案。

1. 错觉折价

这是电商比较常用的一种促销方式，它是一种最新的打折方式。和传统的打折方式不同，这种方式是给顾客一个错觉：他们所购买的商品不是打折商品，而是原价商品，只不过商家又给顾客让出了利润而已。例如，"花100元买130元商品""满200元返100元"等。

苏宁促销海报文案

2. 限时促销

这也是电商促销的常用方式，利用限制时间的方式规定消费者抢购的时间。在这个以流量为王的年代，客流带来无限的商机，促销虽然是以降低商品的售价为代价的，但却会带来更多的消费者。在电商的限时促销活动中，对消费者而言，时间就是金钱，买到就是赚到，如淘宝聚划算上的活动："10分钟内所有货品1折""限时半小时，全场商品一折""24小时后，恢复原价""急速秒杀"等，对消费者很有杀伤力。

某限时抢购的促销海报文案

3. 舍小取大

这是一种非常适合新店或者新商品的促销方式，这种方式的具体做法是：为某几种商品设置最低的价格，虽然这几款商品看起来是亏本的，但其吸引来的消费者却可以以连带销售方式产生其他购物行为。在网上购物的消费者如果选中一家服务好、价格不错的店铺，回头率将会十分高，这也为提高店铺知名度、增加流量带来双方面的好处。

婴儿食品的促销海报文案

4. 阶梯价格

这种自动降价式的促销方案是由美国商人发明的，这种方式其实是一种比较"冒险"的方式，但却容易抓住消费者的心理。对于电商来说，吸引尽可能多的消费者才是关键。网络购物的选择性是很大的，这种方式可以吸引一定数量的消费者。例如，"销售初期1~5天全价销售，5~10天降价25%,10~15天降价50%，15~20天降价75%""签到换金币"等。

联想手机促销海报文案

5. 打折降价

对于任何商家来说，降价和打折都是其促销的基本方式，例如："所有光顾本店购买商品的顾客满50元可减5元，并且还可以享受八折优惠"。这种先降价再打折的优惠方式更有利于商家，例如，50元若打6折，损失利润20元，但满50减5元再打8折，损失14元，实际优惠低于直接折扣，这种宣传上的双重实惠往往会诱使更多的消费者进行商品消费。

6. 积分抽奖

不管是实体商家，还是网店卖家，都喜欢采用积分抽奖的促销方式。只要消费者消费达到一定的金额，就能兑换一定的积分，达到一定积分就能进行抽奖或者兑换礼物。积分抽奖会让消费者产生实惠的心理，让他们愿意一直光顾店铺来增加积分，从而给店铺带来了创收的机会。这种方式充分利用了互动、实惠等元素来保留客源。

7. 到店有礼

这种方式主要是为了增加流量。到店有礼促销活动面向的消费者多，且没有门槛要求，所以应用十分广泛。

8. 百分之百中奖

这种方式是将折扣换成奖品，且让消费者百分之百中奖，迎合了消费者的"彩头"心理，同时实实在在的实惠也让消费者得到了物质上的满足。

百分之百中奖的促销海报文案

9. 临界价格

　　这种方式是指0将价格设置为比整数价格少一点的数值，比如将100元的商品定价为99.9元，是应用比较广泛的方式之一。

临界价格的促销海报文案

第8章
微信营销文案写作

微信作为当今最流行的移动互联网入口，无疑成为移动电商时代的最佳营销选择。微信不仅仅只能作为通信工具，随着微信公众号和微信商城的推出，无论是大、中、小企业或电子商务商家，都开始通过微信进行营销，或直接以微信作为电子商务经营的平台，而微信文案就是最常见也是最重要的电商文案之一。

8.1 微信营销文案的写作基础

　　微信营销文案是微信营销的主要表现形式，无论是借助移动终端、天然的社交和位置定位等优势进行信息推送，利用"用户签名档"这个免费的广告位为自己做宣传，还是通过扫描识别二维码身份来添加朋友、关注企业账号，在微信公众平台上实现和特定群体的文字、图片、语音的全方位沟通和互动，这些都需要使用文案这种信息交流的载体。

　　据统计，截止到2017年底，微信已经覆盖我国94%以上的智能手机，月活跃用户达到9.8亿，用户覆盖200多个国家和地区、超过20种语言。在微信朋友圈里被大量转载的热门文章基本上都能达到10万以上的阅读量，有的甚至达到上百万的阅读量。每一次转载，文案（文章）的价值就被放大了无数倍，例如电商的文案有1万人阅读了，其中有1000人转载，每个人有100个好友的话，那么就有10万人看到该文案，如果还有2次转载、3次转载等情况，文案的传播效果就会产生裂变，达到病毒式营销的效果。所以，无论是电商还是其他行业领域，都不能忽视微信在营销中的作用，微信营销文案的重要性也就不言而喻。

去哪儿网微信营销文案

8.1.1　微信营销文案在电子商务中的作用

　　微信营销文案是指对商品的概念和特点进行深度分析，通过文字、图片等元素进行表达的，能够进一步引导消费者进行消费的文章。在电子商务领域中，微信营销文案具有以下功能。

◆ **降低成本**。电商要维持店铺的正常运转与进行市场扩展，需要进行大量的有成本的营销活动与推广活动，而通过微信进行消息推送是免费的，并且目前微信的使用用户及活跃用户的数量相当庞大，因此如果电商采用微信文案的方式进行推广，可以节省一部分营销成本和服务运营成本。

◆ **加深与客户的交流**。对于电商来说，微信强大的功能可以让商家直接与消费者进行交流，直接回复消费者提出的问题，从而获得更高的转化率，促成交易。

◆ **定位准确**。微信营销最大的特点是只有关注者才能看到商家发送的消息，与微博只要发送了消息都能被查看相比，微信具有更准确的客户定位的特征。

◆ **转化率高**。现在的消费者对广告普遍存在一种排斥心理，而微信文案可以很好地解决这个问题，它可以通过图文并茂的文字描述或诙谐幽默的故事巧妙地引导粉丝，让粉丝自然地接受并主动寻求更多的内容，大大提高了消费者的接受程度，增加了转化率。而且，消费者看到感兴趣的内容还会主动分享到自己的朋友圈和微信群，这样就形成了一个不断扩散且范围广泛的交流圈，增加了额外的消费群体。

苏宁微信营销文案

专家点拨

一则出彩的文案，会使人开怀大笑或感叹人生，文案可以出奇创新，也可以朴实无华。如果文案和消费者之间能够做到联动效果，那文案的创作目标至少实现了一半，因此，让每一位消费者找到共鸣感是文案创作的重点之一。

8.1.2 微信营销文案的主要表现形式

微信营销文案的表现形式和微信推广的工具基本类似，微信营销文案通常可以通过朋友圈、公众号、图文内容的软文广告和阅读原文等方式进行营销推广。

1. 朋友圈

朋友圈是微信营销文案的主体或主要形式，它是通过分享趣味性的内容、社会热点、个人感悟、咨询求助和专业知识等内容来进行营销的。这种微信营销文案的特点就是短，所以最好控制在6行以内，100个字左右，一天分享5~8条，合适的时间点是10:00~12:00，12:00~14:00，16:00~17:00，20:00~23:00。

朋友圈中的汽车营销文案

2. 公众号

公众号是目前微信营销的主战场，包括订阅号和服务号。公众号中的文案写手一般是企业专职聘用的人员，需要具有专业的文案策划与撰写能力。订阅号文案的写作特点是内容尽量口语化，每句话不要太长，最好保持在20个字以内；如果文字太多，需要使用逗号"，"或顿号"、"隔开；段落不能太长，保持一段5～7行最佳，且段落长短要有变化，不能让读者感到乏味。

某餐厅的订阅微信公众号营销文案

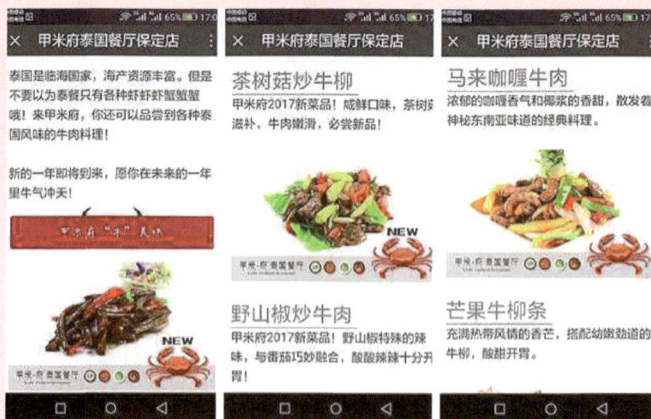

3. 软文

软文可以看成是文字形式的软广告。微信软文通常都是通过商品或品牌的微信公众号进行分享的，且主要是通过微信的朋友圈进行转发和分享的，这也是微信与微博最大的不同，微信中的好友大都是认识的朋友，或者是朋友的朋友，因此微信中的软文比微博中的软文更有可信度，当然，分享性、趣味性和价值感同样是微信软文的诱人之处。其实简单地说，很多电商都会把微信营销文案写成软文的样式，因为软文更"软"，软文表面上看是一篇供消费者阅读的文章，其实传达的是商品或品牌的内容，会吸引消费者的注意力，从而产生广告效果，达到营销的目的。

小海洋微信营销文案软文

4. 阅读原文

大多数微信公众号推送的文章末尾都有"阅读原文"的标志，这是因为微信文案中不能放置超链接，只有末尾有一个"添加原文链接"的超链接。在这里设置链接，其内容大多是企业或商家设置的广告或文案页面的链接。当然，如果设置了阅读原文页面的广告或文案，就一定要保证自身文案的说服力与吸引力，让用户在读完内容后有点击"阅读原文"的冲动，这样才能达到营销的目的。

某咖啡馆微信营销文案

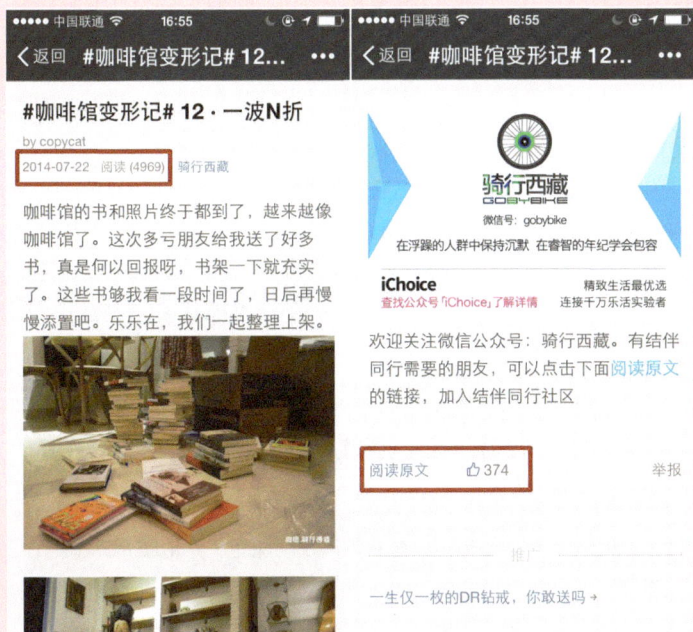

8.1.3　微信营销文案的优势

微信作为最新的一种营销文案方式，还具有其他营销方式所不具备的优势。

◆**实时语音交流**。微信不仅支持文字、图片、表情符号的传达，还支持语音发送，我们可以直接通过微信发送语音信息。对于企业推广来说，直接的语音信息交流既是优势，也有可能成为劣势，因为语音的发送要求传达者声音甜美，也要求其有特定知识的积累，如果传达效果不佳，可能会给商品或品牌带来危害。

◆**高端用户群体**。微信用户多为年轻人、时尚的手机一族、白领阶层，这一强大的用户群体优势使很多企业的营销推广有了更好的方向，特别是针对白领的商品，相关对应的文案也应该针对这一群体。

◆**稳定的人际关系**。微信的用户是真实的、私密的、有价值的，微信关注的是人，人与人之间的交流才是这个平台的价值所在，微信基于朋友圈推广，能够使营销转化率更高，所以微信文案的内容也应该以这种人际关系为感情基调。

◆**方便的信息推送**。微信公众账号可以经过后台的用户分组和地域操控，完成精准的信息推送，可以群发文字、图片、语音3种的内容。通过认证的公众账号则有更高的权限，不仅能推送单条图文信息，还能推送专题信息。

◆**高到达率**。微信文案的到达率能在很大程度上决定推广的效果，与手机短信群发和邮件群发被大量过滤不同，微信公众账号所群发的每一条文案都能完整无误地发送到终端手机，到达率高达100%。

◆**高曝光率**。曝光率是衡量信息发布效果的另外一个指标，本质上微信是一款即时通信工具，它有很多的提醒方式，比如铃声、通知中心消息停驻、角标等，随时提醒用户收到未阅读的信息或文案，曝光率高达100%。

◆**高精准度**。高精准度是针对拥有庞大粉丝数量且用户群体高度集中的垂直行业的微信公众账号而言的，这些账号才是真正炙手可热的营销资源和推广渠道。

8.1.4　跨平台的微信营销文案——H5

H5的本意是指HTML 5（Hyper Text Markup Language 5），这是一种标准。现在通常所说的H5则是进行技术商业化、在非英语环境人群中迅速传播的概念改造，它是指某种在微信等移动端上发布的效果酷炫，能够提升公司格调，刺激并打动消费者，并被广泛转发分享的一种短动画，这里可以把H5称为动画文案。因为移动端不支持Flash动画，而HTML 5在动画展现和交互上基本可以满足企业需求，同时也因为微信的大力支持，HTML 5网页作为一种营销的形式被广泛应用。

专家点拨

　　H5其实是人为制造的一个名词，它的出现主要是用来代替Flash动画。只要在不支持Flash动画的移动端显示的类似Flash动画的营销文案，都可以称为H5。

简单来说，一个H5由文案、图片和音乐这3个基本的元素组成，其基本类型包括幻灯片放映型、交互型、测试和答题型、提交表单型、游戏型以及功能型。无论H5的形式怎样变化，都离不开文案，其关键内容在于文案，可以说文案是H5的灵魂。H5文案有不同于微信营销文案的地方，要创作出H5文案需要经过主题——标题——内容——风格——排版五个步骤。

1. 确定主题

主题是文案的灵魂，确定了主题，文案就有了重点，要表达的内容也就有了依据。确定了主题，才知道文案的内容怎么写，围绕主题写文案，文案内容才不会跑偏。

（1）根据营销目标确定

根据营销的目标确定主题是H5文案常用的确定主题方式，在创作文案前，要明白文案的目标是什么，需要确认营销的目标是活动宣传还是商品或品牌推广。

腾讯H5文案

点 评

这是腾讯的校园招聘H5文案，营销的目标是在校大学生，主题是招聘，而不是让消费者使用腾讯的商品。

（2）根据消费者层次及心理确定

根据消费者层次确定H5文案的主题，能更准确地抓住目标受众的心理，引起他们的兴趣，从而达到营销的效果。根据消费者层次及心理确定H5文案的主题，需要了解或者调查消费者的类型和心理需求。

New Balance H5文案

这是New Balance的H5文案，该商品的主体消费者大都是十八岁到二十几岁的年轻人，多为在校学生或刚参加工作的上班族，所以New Balance把文案主题定为青春，内容是关于青春的一些记事，以引起年轻人的心理共鸣。

2. 写好标题

如果文案能写出好的标题，就可以成功引起消费者的兴趣。对于H5文案来说，其标题写作需要注意以下三个问题。

◆ 标题写给谁看 —— 目标消费者定位。

◆ 这些人关注什么 —— 确定商品的卖点。

◆ 标题的风格是什么 —— 根据主题风格确定。

kindle阅读器H5文案

这则文案展示的商品的目标消费者为18~35岁的喜欢阅读的青年，商品卖点为kindle阅读器能满足消费者随时随地阅读的需求，标题的风格为文艺范。文案创作者联想到那些忠于阅读的人经常会因为某本书里的某一句话而深思良久，他们可能经常会一个人在家里、地铁、街上静静阅读，好像与这个世界分离，沉浸在独自阅读的世界里，所以想到了"独来独往"这个词，再根据同音字写成《爱上读来读往》这个标题。

3. 创意内容

既然是文案，内容就是最主要的营销描述，每一个字、词或句子的运用，其所传达的思想、情感，都对文案最后的营销效果起到非常重要的作用。好的文案内容，有的可以触动人心，有的可以激发想象，无论什么形式的内容，只要能吸引消费者，让他们产生兴趣并喜欢阅读，并进而达到营销的目的，就实现了文案内容的意义。

首草H5文案

点 评

　　这是首草的H5文案，首草是中国西部最具品牌实力与知名度的养生品牌，专业从事中华九大仙草之首——铁皮石斛的种植、研发、生产、销售多年。该文案为了打造中国高端养生行业首个"爱妻品牌"，为消费者找到真心不同的爱妻表达方式，推出了第一款H5情感应用营销文案：一封首草先生的情书，只愿半生为你并与之共鸣，并确定主题"女人最好的补品不是首草，而是爱。"

4. 图文对应

　　H5文案主要由文字和图片组成，在进行文案创作时，需要同时对文字和画面进行设计，这就要求文案的风格要和图片的风格相一致。也就是说，图片展示文字所表达的东西，文字传达图片的感情色彩，这也就是通常所说的图文对应。比如，kindle阅读器的H5页面，其文案主色调由灰色、黑色、白色3种沉稳、安静的颜色构成，表现出孤独静谧的风格。其中的画面有各种场景，例如，一位年轻的女性站在街边，面带微笑；一个青年坐在体育馆的路边，认真自信；一位年轻的妈妈，坐在自己家的院子里，云淡风轻。他们手里都拿着kindle阅读器在认真阅读。图片上配的文案是与当时情景非常契合的一段话，与画面的风格一致，表现出了同样的沉稳安静。

5. 注意排版

　　排版对于任何类型的文案都非常重要，微信营销文案通常在移动设备上显示，其屏幕通常都比较小，所以，文案的长短或字数，在页面中的位置和摆放，文字的大小、颜色、字体等，都影响着整体的感觉和效果。

◆ **文案的长短**。文案不宜过长，传达出要表达的内容即可，一般不超过整个页面的二分之一。比如前面列举的几个H5，从kindle的"爱上读来读往"到腾讯的"腾讯校招鹅历"，除掉图片部分，剩下的文字都没有超过整个页面的二分之一。

◆ **文字的大小**。文字大小要均匀合理，主要的句子或者页面主题可以用大号字体来突出强调。

◆ **文字的颜色**。如果背景颜色或图片是深色，文字则用浅色；如果背景颜色或图片是浅色，文字则用深色，这样可以突出文字，不与图片混淆。

◆ **文字的字体类型**。字体类型不超过3种，并且要与整体风格保持协调，太多的字体类型会让文案整体显得很混乱。

淘宝H5文案

点 评

这是淘宝的H5文案，从排版上看，文案不长，大小合理，背景图片是深色，所以字体颜色为浅色，字体类型为两种。

专家点拨

H5文案可以利用文字和图片场景，以及一定的音效来刺激消费者产生情感和消费欲望，这也是H5所带来的价值，且与其他文案的不同之处，所以当看到"腾讯招聘""深圳下雪了""爱上读来读往"这些H5案例时，消费者很容易在字、画、音的氛围下产生一种美的享受，H5文案也就发挥出了传播的价值。

8.2　创作微信营销文案

对于电商来说，创作微信营销文案的意义是如何通过文案把商品推广和销售出去，所以，创作一份极具说服力的文案是微信营销的关键。

vivo手机朋友圈文案

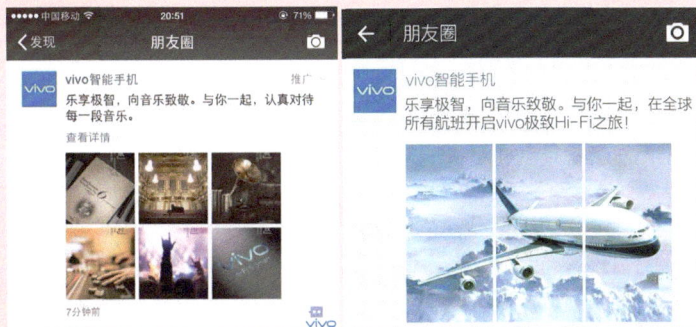

8.2.1　微信文案的常见写作方法

好的微信文案不是极力说服他人接受，而是有明确的目标诉求，从全方位的立场出发，通过图文并茂的文案描述，一点一滴让消费者接纳与信赖，这样将会提升自己的人气并营造互动，吸引更多的消费者进行购买。下面对微信文案的常见写作方法进行介绍。

1．核心扩展法

核心扩展法即先将核心观点单独列出来，再从能够体现观点的方方面面来进行扩展讲述，这样可以使文章始终围绕一个中心来表述，不会出现偏题或杂乱无章的问题，会加强文章对消费者的引导。

2．各个击破法

各个击破法是根据要营销推广的内容，将商品或服务的特点单独进行介绍。写作过程中要注意文字与图片的配合，充分对商品或服务的卖点进行介绍，通过详细的说明和亮眼的词汇来吸引消费者的注意。

3．倒三角写法

在节奏越来越快的现代社会，人们很难有耐心阅读一篇篇幅较长的文章，因此，文案人员可以先将文章的精华部分进行浓缩，放在第一段的位置用以引起消费者的阅读兴趣，然后继续解释为什么要看这篇文章，最后强调商品的优势，加深消费者的印象。

某健康商品微信营销文案

4. 故事引导法

故事引导法是通过讲述一个感人的、悲伤的、喜悦的或离奇的故事，让消费者充分融入故事情节中，继续跟着故事的发展阅读下去，在文章结尾时，再提出需要营销推广的对象。采用这种写作方法一定要保证故事的有趣和情节的合理，这样才能使故事有看点，方便推广对象的植入。

快看漫画App微信营销文案

这则微信营销文案其实是一个励志漫画软文《对不起，我只过1%的生活》，它通过一个真实的故事，把作者的生活经历展现在消费者面前——作者的家庭十分贫困，妈妈患心脏病没钱住院，爸爸车祸不能工作，作者只能靠自己自强奋斗，用一个女生柔弱的肩膀扛起家庭重担，让大家心生怜悯，而且作者把"弱小化"的情感无限地放大，引起大众的共鸣，最后再推出其营销的商品"快看漫画"App。在该文案推出后一天，引发超过40万次的惊人转发量，其微信公众号进行文章推送时，阅读量更是达到了"10000+"，其推出的App"快看漫画"，也创下了单日30万次的下载纪录。

8.2.2　微信文案标题的写作方法

对于文案来说，标题是用来引起注意的，文案内容本身才是商品的主要描述。但对于一个阅读数超过100000+的微信文案来说，标题对于阅读数所做的贡献至少占到了80%的权重。尤其是公众号折叠后，消费者在订阅号推送里只看到标题，如果标题无法让人产生兴趣，消费者根本不会点击阅读。

1. 大树底下好乘凉

这种标题的创作方式和借用名人效应类似，即有意识地跟势能更高、影响力更强、关注量更大的人或事物形成关联，通过关联者更高更强的影响力刺激消费者的关注和点击。这种方法尤其适用于要推送的商品或品牌的知名度和影响力还不足以刺激消费者的时候。

如：

常规型：《你会说话吗？请跟我学说话》

傍"大款"型：《跟"晓说"学好好说话，你会成为"奇葩说"的言谈大师》

常规型：《电商商品调研分析报告》

傍"大款"型：《同样的电商App，它比淘宝优秀的地方在哪里》

2. 矛盾中创作标题

相对于普通陈述，矛盾冲突更能吸引消费者的关注。这种标题创作方式是指在陈述句寻找矛盾，并将关键矛盾放大，使消费者在标题中一眼就能发现矛盾冲突，提起兴趣并点击阅读。

如：

常规型：《赚取第一个一百万的秘诀》

关键矛盾型：《如何将一万块一年内变成一百万》

点评：移动互联网时代，将一万块变成一百万是一件比较困难的事，这里突然出现"一年内就成功"，自然就让读者产生了点击查看的欲望。

3. 总结盘点

这是一种非常实用的微信文案标题创作方式，标题直接对一段时间（每年、每季度甚至每月）进行总结盘点，然后正文再对此分条展开陈述，这类文案的内容大多是为消费者整理好的各种干货，很容易吸引消费者的注意。

如：

常规型：《回顾2017飓风品牌的发展》

盘点型：《年度盘点：2017年飓风品牌的战略性市场营销》

4. 没有对比就没有伤害

这也是任何文案都适合的一种写作方式，对比起到了一个制造冲突的作用，勾起了消费者的好奇心，更容易产生点击查看的效果。

如：

常规型：《30天学会商务PPT制作》

对比型：《如何从月薪2000升级为月薪20000》

常规型：《新电商时代的营销文案》

对比型：《传统电商已败，新微商营销改变了电商的营销格局》

5. 数据干货

数据在文案中识别度高，带给消费者的印象是信息含量高，专业度高，而且对于消费者来说，看到标题中的数据更能激发他们查找有价值信息的欲望。

如：

常规型：《淘宝销量最好的女性风衣》

数字型：《月销量10588件的女性风衣》

6. 语不惊人誓不休

对于标题创作来说，可以用一些可能会颠覆用户常识性认知的，甚至有些不可思议的观点或言论，从而引发消费者的好奇心，借此让消费者点击阅读文案。

如：

常规型：《火爆市场的健身商品调研分析报告》

颠覆认知型：《一个月产值到达2个亿，健身商品怎么这么火爆》

7. 沟通是最有效的营销方式

人与人之间最重要的就是沟通，有了沟通才能充分展示双方的观点，达成一定的目标。营销也是一样，需要商家和消费者之间进行沟通，当双方在某一点上达成一致后，就能产生销售这一共同的目标。在商家和消费者的沟通中，70%的交流其实是情绪交流，30%的交流才是内容交流。所以文案人员创作微信文案标题前，需要先了解消费者的想法，把目标定位在如何调动消费者的情绪上，让他们愿意点击标题阅读文案内容。

如：

常规型：《专家推荐的手机商品》

情绪沟通型：《用了10年的手机，你知道什么是最实用的手机》

常规型：《购买洗涤用品的五项必读原则》

情绪沟通型：《为什么你勤劳持家，却依然被嘲笑不懂得生活》

8.2.3 消费者的需求才是商品的最终归宿

在这个全民手机的时代，移动互联网上使用时长排名前三的项目分别是社交App、手机游戏和阅读。作为移动互联网中最基础性的需求，阅读在提供内容的同时也容易让消费者产生一定的购买需求，而微信能提供大量的阅读内容。对于电商来说，必须懂得通过微信这个社交App，分析消费者的需求，才能更容易地营销和推广商品，完成自己的商业目标。

1. 日常需求

消费者都是有基本需求的，特别是对于微信公众号来说，不同属性的公众号，对于其对应消费者的日常需求更应该认真了解，并做到日常覆盖的同时加以差异化，制定相应的选题时间表。比如酒店行业，消费者需要通过公众号知道最新鲜的住宿资讯，还需要知道其他包括餐饮、休闲等相关信息，这些都是常态化的需求。

某酒店微信营销公众号

2. 重大事件需求

重大事件需求是指在网络或现实中发生新闻热点事件后，消费者对于事件或人物的深层次了解的需求，这时，微信文案可以将商品营销与这些重大事件联系起来，既满足消费者对于事件起因的了解需求，又达到营销商品的目的。例如2017年5月的丹麦生蚝事件，丹麦驻华大使馆通过微博和官方微信公众号发布了生蚝泛滥求解救的文章，求救信一出激起了全中国"吃货"的空前热情，针对这一事件，电商就可以推出相关商品营销，这就是在迎合消费者短期内迅速膨胀的时效性需求，并且，这也是电商营销的很好的途径。

丹麦生蚝相关的微信文案

3. "八卦"需求

这里的"八卦"并不完全是指娱乐圈的新闻，而是为了满足消费者的娱乐心理，根据现有线报和资料，撰写相应领域不为人知的调查报告、实地走访、一线体验的文案。科技账号果壳网，其中的很多文案就都是"八卦"性质的，如：氧原子能生存多久？鲫鱼能生存的最高水温是多少等。

阿里巴巴电商影响力微信文案

4. 逆反需求

在庞大的微信用户群众中，90后是一个重要的群体，这代人的特点是具有极其强烈的逆反心理和反主流观念的需求，并且这个需求越来越广泛。根据数据分析，很多90后消费者本身其实并没有倾向于哪种观点，他们中的一大部分完全是为了逆反而逆反。针对同一个事件和观点，他们需要标新立异，与众不同，所以，文案人员在进行文案创作时，可以考虑满足这部分消费者的需求。通常情况下，逆反需求里面具体又包括审丑需求、反权威需求、自我否定需求、排他需求等。

某房地产的微信文案

专家点拨

在什么时间节点、什么情况下满足消费者的哪种需求，就要具体问题具体分析了。其实最难做到的，往往是满足消费者的日常需求，这是最简单的，也是最难的。

8.2.4　根据消费者的购买力进行自我定位

微信的用户基数非常大，利用微信进行营销的电商也很多，怎么才能从众多相同的商品中脱颖而出，让消费者关注自己的微信公众号，这就需要认真研究商品所对应的消费者的兴趣及爱好，然后给自己的商品做一个准确的定位，寻找营销文案的目标阅读群体，才能写出符合自己商品特征的文案。只有抓住商品与众不同的地方加以发展，才能引人注意，打动消费者。只有突出商品的特异品质，树立和强化一个与竞争者不同的品牌形象，才能有利于消费者识别、比较和接受。有了明确的定位，对于文案整体的结构（要写什么，怎么写，怎么进行事例分析等）也自然会有相应的标准来做取舍。

电商进行自我定位必须考虑的一个重点就是消费者的商品购买力。电商的商品能否形成销量，依赖于商品本身、市场切入机制以及销售手段等。对于消费者来说，则更加关心自身需求和商品价格。因为，在有确切需求的前提下，如果商品价格对应的购买力已经超出了消费者的购买预算，就算消费者非常喜欢该商品，也不会购买，所以，将商品价格控制在商品定位环节里是非常重要的，商品定位必须要综合考虑多方面因素，从而进行合理的商品定价。

1. 商品店铺定位：定位款型、流量款型还是利润款型

无论创作什么类型的文案，这一点适用于所有的电商商品定位。

◆ **定位款型**。这种商品主要是指店铺里的相关款型商品和搭配款型商品。任何店铺都有一些商品的市场销量不太好，如果通过营销文案去主推这种款型，将是一种选择错误，此时的营销工作产生的性价比和效益是非常低的。对于这类商品，可以通过平台内部的免费流量进行普通宣传，以形成较高效的转化率，从而带动流量价值的提高。

◆ **流量款型**。这种商品主要是指电商店铺里能带来大量优质流量的商品，电商对于这样的商品无论是在款式和细节上，还是对商品的出仓成本上，都能进行一定程度的控制，然后再合理利用活动或者搜索抢占市场先机的运营手法。

◆ **利润款型**。这种商品主要是指电商店铺里搜索爆款型商品和聚划算款型商品，在电商选择利润款型的时候，拿到商品后一定要考虑商品的成本、商品的质量和商品的细节，因为商品成本和质量直接关系到获取的利润。

某图书销售电商

点 评

> 这是某图书销售电商的商品推荐，其中位于热销榜的图书都属于流量款型，这其中也包括一些利润款型的图书，而剩下的其他图书都可以归类为定位款型。

2. 类目主打关键词，淘宝搜索引擎默认的价格展示区间

对于电商来说，不同的关键词对应的是不同的精准消费者，关键词所在的下架时间选择对应的是关键词的竞争力，所以在为商品定位前，应该考虑以下几个方面的内容。

◆ 在淘宝中进行搜索可以使流量价值最大化，这样就可以针对市场特性寻求更加适合消费者购买力的价格区间，从而得到权重比较高的商品定位，因此，电商通过定价选择商品的时候应优先选择这样的商品。

◆ 可以利用生意参谋等专业版的类目市场进行深入分析，找出去年同期搜索引擎推荐的最优价格区间。

◆ 最便捷的方法是选定商品主打关键词，然后到淘宝等网站通过该关键词去搜索相关宝贝，查看搜索引擎优先推荐的价格区间。

在淘宝上展示价格区间

点 评

> 这里直接在淘宝中搜索"薄款卫衣女"关键词，对该类型商品进行搜索，在搜索结果中就能查看淘宝推荐的价格区间，比如44%用户喜欢的价位在18～57，40%用户喜欢的价位在57～102，11%用户喜欢的价位在102～191等。如果某网店销售的商品也主要是女性薄款卫衣，那么对应的商品折扣价也最好在这个区间内，文案人员也应以此进行营销文案的创作。

8.2.5 选题要符合时宜

电商如果要通过微信进行营销，如何吸引消费者的注意是最关键的问题，无论是朋友圈还是公众号，文案创作的第一要务都是吸引消费者。所以，创作文案时，选题也非常重要，重要性仅次于标

题，写什么往往比怎么写更重要。对于热门话题、专业话题以及处女话题，要先入为主。选题可以关注一下百度指数变化、微信热搜榜和热词，以及同类型微信账号的选题变化等。关注这些的目的并不是为了写热点，而是为了避开这些热点。因为，对于普通文案创作者来说，写热点文案通常写不过那些知名的媒体人和观察家，写八卦文案也写不过专业的娱乐记者和自媒体人，写央行降息更写不过专业的金融人士，所以，为了商品的销量，需要避开大锋芒，另辟蹊径。

1. 先定一个小目标：吸引第一批消费者

对于电商来说，在微信中吸引第一批消费者最艰难，办法有很多种，比如通过微信搜索商品的关键词主动添加关注，还有通过淘宝的网店导流等。

◆ **为电商的微信公众号取一个不那么难检索的名字**。为自己的微信公众号取名字时，尽量带上自己商品行业里面一些通常都会用到的词，哪怕是名字长点都没关系。切忌使用生僻字，哪怕这个字跟商品有很大关系也不要轻易使用。另外，为了降低文字的搜索成本，可以随机询问周围的人对公众号名字的兴趣和感受。

某电商订阅公众号

点 评

这是某电商的订阅公众号名称，简单明了且容易搜索。

◆ **主动与留言的用户进行互动**。微信的第一批消费者，其实并不是按照时间顺序进来的前100个或者1000个，而是愿意在一开始主动跟账号进行互动交流的人。对这些消费者，在前期要主动进行互动反馈，增加彼此的黏性，使其对微信公众号产生感情，这样更容易让消费者对公众账号产生好感，愿意进一步了解相关商品。

某微信电商客服留言

点评

　　客服的宗旨就是为消费者服务，尽量满足他们的一切需要，尽量解除他们的一切疑惑，让消费者满意，对商品或品牌留下深刻的印象，为销售或再次销售商品打下坚实的基础。

2. 文案的质量，决定了消费者的质量

　　随着阅历的提升，消费者也在不断成长，文案内容是不是用心做出来的，他们能够轻易辨别出来，尤其是那些一直伴随着电商一路成长的消费者。因此对于文案的质量，在选题上就需要严格控制，通常要经历3个阶段。

　　◆**引用阶段**。这个阶段就是把一些优秀的文案放到自己的微信公众号中，吸引消费者进行关注，注意必须在文案中注明来源出处。

　　◆**随意阶段**。这个阶段可以根据自己的生活体会，引出要推送的文案内容，这个阶段的文案写作更像写日记或者写微博，当然，主要文案内容大多发布在朋友圈中。

　　◆**原创阶段**。这是微信文案的最终形态，也是公众号被认可、获得壮大的阶段。微信运营的最终目的是为了获得营收，但前提一定是公众号文案有自己的原创能力。原创意味着有别人难以复制的东西，更容易营销自己的商品。

公众号中的原创文案

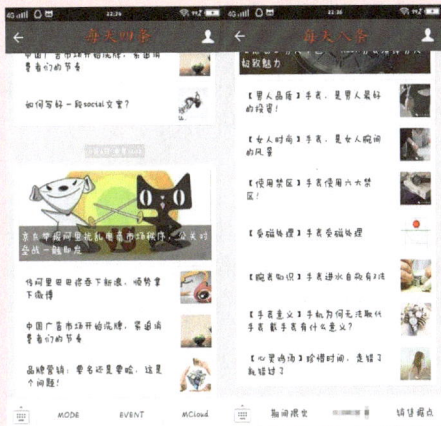

3. 微信文案的选题方式

前面也介绍过很多文案的写作方式，这里针对微信文案，再介绍3种适合原创文案的常用选题方式。

（1）利用已有的资源进行创作

举个例子，曾经，小米在手机发布会上做了一组倒计时宣传稿，给很多人都留下了深刻的印象。我们可以把这种"倒计时文案"和其他手机厂商的商品文案做个对比，锤子科技、OPPO、魅族、一加等，这些手机商品也都有自己的倒计时预热文案。电商在进行自己的商品倒计时文案创作时，就可以把这些文案整理出来进行对比，写下自己的感受，最后通过这些对比和感受创作自己的商品文案。一旦在微信公众号中发布，既可以获得一定的搜索量，也可以利用消费者的娱乐需求来增加文案的吸引力。利用很多旧的流行元素或者热点元素进行重新创作，这其实也是很多微信文案常用的选题方式。

小米倒计时微信文案

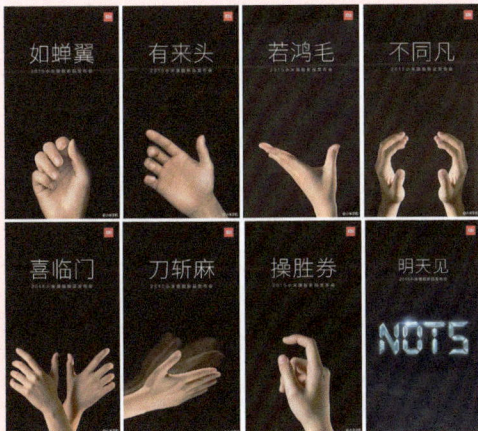

点评

消费者看到这些图片时，脑海会自觉地为文案填充四字成语里空缺的那一个字。（薄）如蝉翼、（大）有来头、（轻）若鸿毛、不同凡（响）、（双）喜临门、（快）刀斩麻、（稳）操胜券。这些空缺的词，跟小米商品的内容正好关联起来，"薄""大""轻""快""稳"是商品的体验触感。

（2）根据相关主题进行联想

这种情况通常需要有一定时间的素材积累，比如著名的女子网球运动员李娜退役的时候，各个品牌都专门进行了企划，针对退役事件进行了联想，针对自己的商品使用了不同的选题方式。从奔驰的"星徽旅途，感谢有你"、耐克的"要做就做出头鸟"到可口可乐的"娜些快乐，感谢有你"，都是从文案的视角，按照时间的脉络，去反推企业、品牌、个人在时间里的变化，然后进行联想，创作文案。

某矿泉水关于李娜退役的文案

（3）群众的力量是无穷的，发动消费者一起做选题

微信公众账号给予消费者的是一种相对舒服的互动体验，通过与消费者的直接交流，就可以感知他们对电商商品的态度变化。在进行文案创作时，可以发动消费者一起来做原创内容，让消费者直接参与商品的营销，因为他们其实是对商品最有发言权的人，通过微信他们可以直接反馈当天推送的感受，还可以经常给公众号提供各种素材，这将更有利于微信文案的创作。

8.2.6　内容要简单粗暴直接深入

创作微信文案大忌拖沓，有些微信文案写了几千字也没有切入主题，让消费者不明所以，不愿意继续阅读。浓缩的都是精华，越是简单的东西，越具备广泛传播的基础，所以，优秀的微信文案都是做减法，而不是做加法。要创作自己的营销文案，所要做的就是把选题内容用最简单直接的语言表达出来。

1. 内容的创作与取舍

大致上，微信营销文案可以先从整体上分为3个部分。

◆交代事情的背景以及写这篇文章的原因。

◆用小标题把递进/前后关系罗列出来。

◆结尾。

某餐饮微信文案

在进行具体写作时，可以考虑"总—分—总"的结构，这个结构可以写出非常经典的微信营销文案。

◆**明确"3W"原则：** Who（写给谁看）、Why（为什么要写）、What（写些什么内容）。

◆**明确目标消费者：** 创作的时候先明确营销文案的目标消费者，然后对他们关心的内容进行拆分，细化到具体内容。

◆**由具体问题展开：** 横向类比，纵向深挖。

◆**缩小消费者的范围：** 针对某一部分消费者群体的刚需，在这一方面做专题。

◆**结合热点：** 与时下热点的概念进行有机结合。

> **专家点拨**
>
> 在文案内容上，需要注意两点小细节：一是注意层次结构；二是中英文之间、中文与数字之间、中文与链接之间都需要添加空格。

2. 微信公众号的内容创作

首先，作为一个微信公众号，必须要有吸引消费者的东西，通过标题把消费者吸引过来后，还需要用内容打动他们，否则消费者也不会停留太久。

◆**为内容增加图片和视频。** 对于商品营销文案，最好制作一些精美的图片，比如商品的细节图或场景图，让消费者对商品留下具体的印象。在时间和精力允许的情况下，还可以将几款主打商品做成精美的视频。根据统计，视频比图片更容易让消费者产生购买的意愿，购买商品的概率至少会增加50%。

某儿童安全座椅的微信公众号

◆ **有独特的个性风格。**不管是内容的质量，还是图片、颜色，都需要用心创作，并形成自己的个性风格，不要随意设计和写作，这样会降低商品或品牌的档次。

◆ **有定期的优惠活动。**公众号的粉丝越多，销量转化的概率就越高，对于消费者来说，他们对公众号必然有一定的利益诉求。如果公众号中经常开展一些优惠活动，并对一些商品进行打折，粉丝的兴趣就会很高，并经常关注公众号信息。

◆ **及时、认真回复每一条信息。**关注经常发消息的消费者，这些消费者通常都比较活跃，他们更喜欢关注对应的商品，与他们进行交流，很容易获得一些对商品的反馈。

◆ **公众号要设计规范、有层次。**公众号的主界面一般是3个一级菜单，每个一级菜单下面可以设5个二级菜单。页面应该一一归类，千万不要做得杂乱无章。比如介绍商品、企业，归为一类；和粉丝互动交流，归为一类；购物帮助、提示，归为一类。否则，粉丝难以看懂这些菜单项，会觉得公众号内容很混乱，继而逐渐对公众号失去兴趣。

奔驰汽车的微信公众号

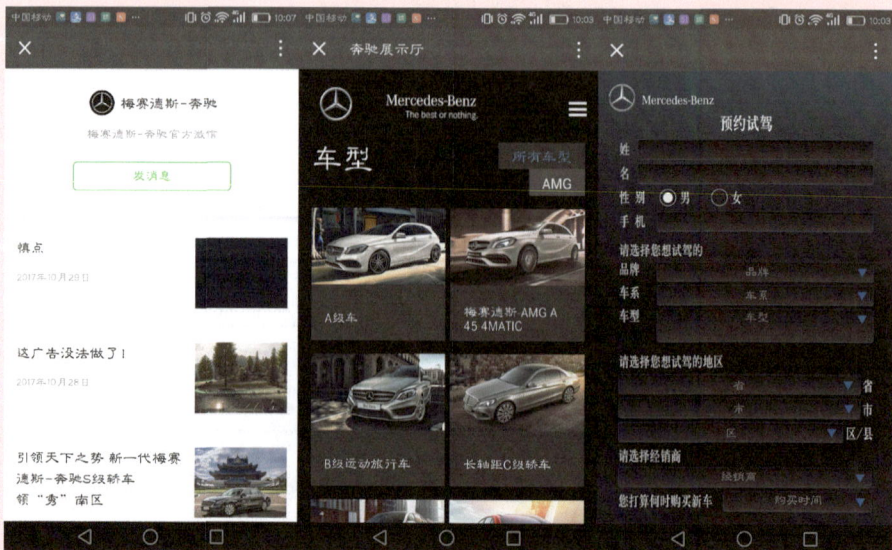

◆**认真用心地写文案**。微信公众号的最终目的是为了推广，在网络时代，消费者已经对纯广告性质（或没有什么实质内容）的文案产生了免疫力。所以，营销文案必须用心写，并提供一定的价值，通常文案中要有自己的观点和独到的见解，甚至能够引起消费者的共鸣。

◆**公众号文案的写作原则**。好玩、有趣、见解独到，适合传播和分享，核心就是要"有内容"。内容最好不要"三俗"，不然对应的消费者层次也不会太高，要知道，品牌定位是什么，传递的内容是什么层次，吸引来的消费者就是什么层次。

3. 微信朋友圈的内容创作

利用微信进行营销，除了公众号之外，朋友圈的经营也显得至关重要。对朋友圈进行精心经营，也能为商品销售和品牌推广提供很大的帮助。

（1）分享开心

在朋友圈中分享一些网络或生活中令人开心的事情，增加自己在朋友圈的活跃度，加深微信好友的好印象，更有利于商品和品牌的营销推广。

（2）分享感受

每个人在成长过程中都会有一些感悟，用文字把自己对这些亲身经历的感悟描述出来，分享到朋友圈中。如果微信好友恰好也有类似的经历，这将会唤起他们的共鸣，继而拉近双方的情感距离，增加商品或品牌营销的可能性。

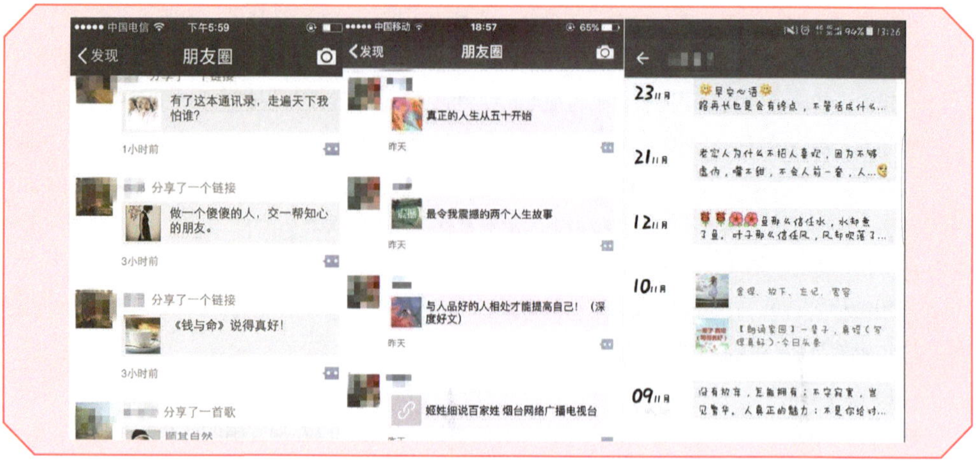

（3）分享热点

当下热门的话题、新闻、流行的东西都能满足人们永无止境的好奇心，将其收集整理并分享到朋友圈，会比较容易引起朋友们的关注，给他们带去新鲜感，同时他们也更容易关注你的商品和品牌。

（4）分享生活

对于电商来说，朋友圈中的好友很多都是客户或者消费者，电商如果将商品的实际使用情况在朋友圈中进行分享，让这些客户或消费者在真实生活中了解和感受商品，这样更能给他们购买商品的信心。

　　朋友圈也可以像微博一样，发布一些日常趣闻或生活琐事，这将使我们在维护微信好友关系的基础上，还可以帮助提高自己及商品的知名度，增强传播影响力。

　　（5）与朋友互动

　　互动也是增进朋友关系的一种方式，通常可以直接在朋友圈中发表一些互动性比较强的话题，让朋友们都参与讨论。创造的话题最好比较新奇，要抓住热点，制造热点，基于价值，强势宣传。朋友圈互动的常用方式有两种，一是猜谜游戏，二是竞拍。

（6）分享商品新闻

对于电商来说，最重要的还是推销商品，所以可以适当在朋友圈中晒一晒自己的发货情况，比如订单量、商品动态等，但是不能太频繁，一天中一到两次或两天一次为最佳，这样的分享可以刺激一些潜在的消费者，另外也能让已经购买了商品的消费者看到消费的效果，发布这些信息的作用有时候等同于用户评价。

（7）分享消费者评价

电商在微信营销的过程中，也需要像在网络上销售商品一样，进行物流信息跟踪，当物流显示到达消费者手里面的时候，还需要消费者进行确认。而当消费者使用之后，电商通常需要消费者分享一下使用感受，或者要一些反馈图，这也是常用的一种营销方式。有时候，为了让消费者在朋友圈中分享使用感受，可能赠予他们一些赠品，赠品可以随消费者下次购买的时候一起邮寄过去，一举两得。

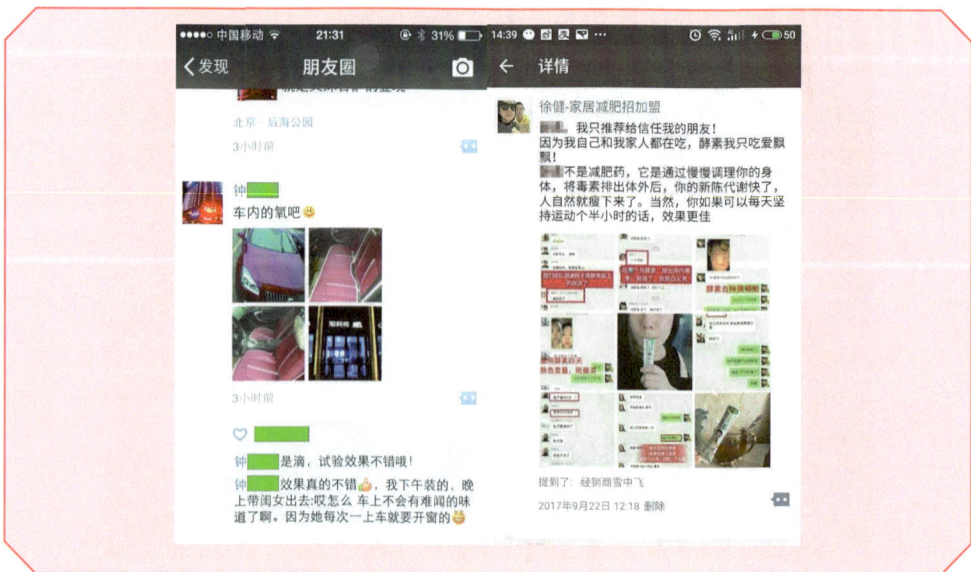

（8）分享专业知识

作为一个在朋友圈进行商品营销的电商，需要有非常专业的商品知识。在朋友圈中，毫无保留地分享专业知识，能帮助消费者解决一些实际的问题，或者增加你在他们心目中的专业度和可信度，为以后的销售打下坚实的基础。

👤 **专家点拨**

在进行朋友圈营销时，先要找到并进入目标消费者群体，分析他们的一些共同需求点，最后针对需求点找到合适的解决方法，并在朋友圈中提供解决方案。可以先给他们留下一个良好的印象，接着持续地分享一些有实用价值的信息，这样更有利于商品得到他们的认可。

8.2.7　排版和配图都是加分项

如果微信文案给人的感觉简洁大气美观，这对消费者会产生潜移默化的影响，微信文案也更容易引起消费者的关注。实际上微信文案本身就是一种商品，而排版就是商品的视觉传达。一般情况下，建议文案版面不要太花俏，字体颜色不要太鲜艳，文章字体颜色最好不超过3种，以淡色调为主；另外，排版上要主次分明，结构层次清晰。

- ◆推荐比例——行间距一般为行高的50%。
- ◆文案的边缘要对齐，及时调整段落宽度、间距。
- ◆文案的字体控制在2~3种。
- ◆最好不要为文案添加视觉特效（特殊的商品除外）。
- ◆段首不必缩进，大段文字的段落间应空一行。
- ◆推荐同色系配色。
- ◆配图清晰，色彩要与文章整体情感搭配。
- ◆可以将字体、形状等需要强调的内容放大，适当地搭配相应色彩。

8.2.8 微信文案制作的技巧工具

在创作微信营销文案时，可以使用一些常用的技巧工具、网站或网址。

◆**繁简切换：** Ctrl+Shift+F

◆**资料库：** 搜狗微信搜索

◆**问卷调查：** 金数据、麦克

◆**缩短网址/简化二维码：** 百度短网址

◆**二维码生成：** 草料二维码

◆**提高配色能力：** Nippon colors 、color.adobe 网站

◆**网页编辑器：** Day One、爱排版、秀米

◆**小图标：** iconfinder、emots.es

◆**插画：** thepatternlibrary

◆**配图：** giphy、giftparanoia、花瓣网、堆糖网

◆**转换PDF格式：** smallpdf

◆**去水印：** 美图秀秀